無敵の筋トレ食

栄養で筋肉を仕上げる！

日本体育大学 准教授
現役ボディビルダー
岡田隆

ポプラ社

はじめに

戦略的食事のインパクトは、筋トレを凌駕する

▼成功する肉体改造の第一歩は、自分を「信じる」強い気持ち

みなさん、こんにちは。「バズーカ岡田」こと、岡田隆です。

このところ、さまざまな「食事術」が話題を呼んでいます。インターネットで検索をかけてみると「脳が若返る」「疲れに効く」「病気にならない」など、多種多様な目的に応じて「最強」の食事術を紹介する書籍が、次々目に飛び込んできます。

そのなかで、**私が本書でお届けするのは「人生最高のボディメイク」を実現に導くため、筋トレの効果を最大限にするための無敵の食事術。**幅広い層の方

にお手にとっていただきたい気持ちはもちろんあるのですが、**特に「届けたい」のは、くすぶりかけている筋トレ経験者のみなさん**です。

トレーニング開始から2～3年が経過し、ある程度のトレーニングスキルは身につけたものの、カラダの変化が停滞し始めている方。ボディビル系コンテストに興味はあるけれど、筋肉を増やしながら脂肪を削ぎ落とすための食事がわからない方。純粋にもっとカラダを大きくするため、あるいは脂肪を落として絞るために食事を見直したい方。

過去、ボディメイクやダイエットに挫折をした経験がある方、さらには現在進行形でお悩みの方にも、お伝えしたいことが山ほどあります。

もちろん、まさにこれから筋トレやカラダ作りを始めようとする方々にも基本的な知識として覚えてほしいですし、すでに自身のボディメイクに自信をお持ちの方にとっても、さらなる「高み」を目指すうえで、必ず役立つ内容になっています。

本書にたどり着くまでの経緯やこれから目指していくところは、人それぞれでしょう。しかし、この1冊とめぐり合った「今」のタイミングは同じです。

この事実が示すのは、あなたが今、**取り組んでいるボディメイクやダイエットを人生最高のものとするためには、食事に対する意識改革が絶対に必要**だということ。本気の肉体改造は、心の在り方を変えるところから始まるのです。

本題に入る前に、根本的な部分の思考を切り替えていきましょう。それは、自分は絶対にボディメイク成功者になれる、と強く自分を信じることです。

カラダについた脂肪は、必ず削ぎ落とすことができます。盛れない筋肉も取れない脂肪も、どこにも存在しません。肉体改造に成功しない人など、誰一人としていないのです。

うまくいかなかったのは、正しい導きを得られなかっただけ。過去のしくじりに引っ張られて「自分には無理だ」とあきらめたり、自分への言い訳を用意するかのように半信半疑で取り組んだりするのは、この本と出会う前の昨日で終わりです。

固定観念は、今すぐに捨ててください。捨てた人から、次のページに進みましょう。

1日3回、1週間で21回の食事数を筋トレ数が上回ることは、まず無理！

はじめに押さえておきたいことは、**脂肪を削ぎ落とすにしても、筋肉を盛るにしても、カラダに大きな変化を与えてくれるのは、食事**だということです。

私たちは平均的に1日3回、食事を摂ります。1週間で21回。1ヶ月（31日）なら93回。

このペースのまま、これまでも、これからも、おそらく一生続けていきます。

トレーニングに置き換えようとすると……まず、無理ですよね。社会人であれ学生であれ、1日に3回分の筋トレ時間を捻出するのは難しいですし、普通は1回のトレーニングで全部の力を出しきるわけですから、そもそも3回もできてしまうトレーニングって何なんだ？　という、内容に対する疑問が湧いてきます。

ものすごく頑張っても1日に1～2回、1週間で7～14回です。

それでも同じペースで一生続けられるか？　というと、やっぱり難しいと答えざるを得ません。たとえできたとしても、カラダの回復が追いつかず、1回ごとの質の低下が目に見えています。

食事であれば、回数を増やそうと思えばまだまだ増やすことができますし、**1食ごとの質をコントロールして水準を高めることも、豊富な経験と多くの知識と緻密なスキルを必要とする筋トレと比べたら、容易**です。

また「筋トレとは、（筋肉という）ティッシュを1枚ずつ重ね続けるような行為」といわれるように、筋肥大にはかなりの時間と労力を要します。

1年365日、真剣に取り組んだとしても、筋肉の成長は推定1～2キログラム。対して、**食事管理による減量（除脂肪）は、たった数ヶ月で、別人レベルのカラダを作り出す驚きの効果を発揮**します。当然、個人差はありますが、平均3～4ヶ月で10キロ減、半年間で30キロ近く落とすボディビルダーもいます。

私はこれまで研究者、理学療法士、フィジカルトレーナー、ボディビルダーとして、また柔道日本代表サポートの仕事やボディビルの指導者の取り組みを通じて、さまざまな角度からカラダの発達と向き合ってきました。

そこからわかったことは、肉体改造に必要なのは「1回の強い衝撃」に限らない、ということ。食事のように「毎日続ける低強度の刺激」でも、カラダは十分変わっていきます。

つまりは、**トレーニングをして筋肉に刺激を与えるよりも、食事内容を調整して体脂肪をコントロールするほうが、カラダに与える「インパクト」は大きい**ということ。

だからこそ、特にくすぶりかけているみなさんやこれからの「伸びしろ」がある初心者の方々には、改めて食事を見直していただきたいのです。

▼一定の経験、正しい知識、信じる心……。「レディネス」こそが肉体改造を制する

なかには「自分は体脂肪はこのままでもいいから、とにかく筋肉をデカくしたい！」という局面の方もいるでしょう。そのような場合においても、きちんと内容を考えた食事を計画的に摂らなければ、筋肉の発達をうまく促すことができません。

どのような方向性のボディメイクであっても、共通していえることがあります。それは「レディネス」こそが、肉体改造を制するということです。

レディネスとは、**物事を成し遂げるために必要な「前提となる知識や経験」「心身の準備性」**などを意味する言葉で、主に教育の現場で使われている心理学用語のひとつです。

ここでいう**レディネスは、ある程度のトレーニング経験と食事に関する正しい知識、そして「成功者になれる」と信じる心**。経験に関しては各自にゆだね

るところですが、未経験あるいは初心者の方は、本を読むのと同時進行でトレーニングと食事管理に着手していただければと思います。

「信じる心」については、冒頭ページを読み終えた時点で手に入れていますよね？　というわけで、ここから先、私からみなさんにお伝えしていくのは「正しい知識」ということになります。

ただし**「正しい知識」とはいうものの、スポーツ栄養学の基本的な話をダラダラとしていくつもりは、一切ございません**。そういった類の知識が必要ということでしたら、どうぞ、ほかに教科書をお探しください。

骨格筋研究者として、長きにわたり広めてきた見聞。トレーナーとして、世界で戦うアスリートたちへの指導を通じて得た学び。そして、ボディビル競技者として、普通の物差しでは測れないような肉体をもつトップビルダーたちとせめぎ合うために、命を削って積み重ねてきたトライ＆エラー。

これらをもとに導き出した**実践的応用力を含む、食事に関する正しい知識**を

記していく所存です。私、岡田隆の「今」がすべて詰まっているといっても、過言ではありません

本気でボディメイクを完遂させたいと願っている人のレディネスを、全力でアシストするための1冊です。もしも、本能の赴くままに「普通においしく楽しく食べたいなぁ……」と考えているようならば、もうこの本はここで閉じてください。

▼トレーニングが甘い人はいない。差別化を狙うなら、食事術！

私たちは、生まれたときから何かを口にすることで命をつなげてきています。ゆえに**「食べる」という行為があまりに日常的で、何のために、どのようなものを、いかにして食べるのか、ということに対して無頓着になりすぎている**と感じます。

ボディメイクを成功させるにあたって何よりも先に御膳にのせるべきは、ど

こかでいわれたがままの鶏むね肉でもブロッコリーでもありません（もちろん、鶏むね肉もブロッコリーもカラダを仕上げるためには適した食材です）。「自分はこうなりたいから、これを選んだ」という揺るぎない意図です。だからこそ、誰かと食事を共にする際、テーブルに並んだ皿の上にその人の想いが見てとれると、すごくうれしい気持ちになります。

食べることは、一生。ボディメイクも、本質的には同じです。無闇に「制限」をかけて、自分自身に「我慢」を強いるようなやり方では、必然的に無理が生じますよね。

続けられなければ、意味をなさない。そこで、**続けるために必要になってくるのが、「我慢」をしなくていい「工夫」**なのです。

SNSの普及・発展が進み、誰でも簡単に発信・受信ができるようになった昨今。若者を中心にフィットネスがブームを呼んでいることもあり、カラダ作りに関しても、これまで以上に情報があふれるようになりました。

少し前までは、自らとりにいかなければ目や耳に入ってこなかったような内容も、あらかじめ「フォロー」ボタンをクリックしておけば、空き時間にスマホを眺めているだけで届く――。このような仕組みが確立されて以降、都市部と地方との間にあった情報量の差が埋まり、今はまさに、ボディメイク群雄割拠の時代というわけです。

そのなかにおいて、**自分自身の目的を果たすためにも、手段を工夫する術をもっていることは、かなりの強みになってくる**といえるでしょう。そして、すでにお伝えしている通り、カラダを変える「決めの一手」は食事にあります。

真剣にボディメイクに取り組んでいるのなら「トレーニングが甘い」ということは、まず起こり得ません。なのに、カラダが変わっていかないと嘆く人がとても多いのは、トレーニングと比べて、食事に対する認識が圧倒的に甘いからです。

さあ、時は来たれり。今こそ、一生続く、「無敵の筋トレ食」を、あなたに。

第2章

食べて絞る！栄養で筋肉を仕上げる食事改革

第3章

筋肉を「盛る」、脂肪を「削る」ベスト食材

第4章 超実践的！無敵の筋トレ食

第5章 それでもカラダが変わらない人へ

参考文献　『筋肉をつくる食事・栄養パーフェクト事典』（ナツメ社、岡田隆・竹並恵里監修）
※本書における情報は2018年12月現在のものです。
※栄養素などの値は、特別な注釈がない限り「日本食品標準成分表2015年版（七訂）」を参考にしています。

第6章 食事で変わる筋トレと人生の質

装丁◎山之口正和（tobufune）
イラスト◎コルシカ
本文デザイン◎二ノ宮 匡
図版デザイン◎村田江美（mint design）
編集協力◎鈴木彩乃
料理・レシピ制作◎細井美波
静物写真◎原 幹和（258〜271ページ）
人物写真◎岡部みつる（257ページ）、今林真澄（266ページ）
校正◎東京出版サービスセンター

序章

prologue

知識もある。トレーニングもしている。しかし、なぜ肉体改造に失敗するのか

人生最高のカラダになりたいと思っていて
知識を取り入れていない人はいないはず、
トレーニングが甘い人はいないはず。
それでも、カラダが思うように進化していかない……。
そんなとき起こっているのは「目的と手段の履き違え」ではないか。
ここではまず食事管理の具体的な方法の前に
みなさんが陥っているかもしれない「落とし穴」について伝えていく。

「手段」と「目的」とを履き違えるから失敗する

ボディメイクを始めるきっかけは、自由。純粋なカッコよさ・美しさを求めている人もいれば、何かのスポーツにおけるパフォーマンスアップを求めている人もいます。幼少期にあこがれたヒーローのような強靭さを手に入れたい、という人もいるでしょうし、アンチエイジング的な考えによる人もいるでしょう。

異性にモテたくて取り組む人、最近では、ボディビルのコンテストで勝つために取り組んでいる人も増えています。かくいう私も、5年前からそのうちの一人です。

いずれにせよ、**誰しもが目的としているのは「いいカラダになること」**です。しかしながら、「いいカラダ」って、実はとっても漠然とした言葉ですよね。

判断基準を考えてみても、結局は「人の目」以外にないのですから。

ただ、自分の現状を把握するための目安は、いくつかあります。たとえば、体重や体脂肪率、それから食事による摂取カロリー。それら3つのデータをとって変化を見れば、客観的に分析することが可能となります。

そういったデータを参考にすること自体は、決して悪いことではありません。しかし、「人の目」という曖昧な判断基準に対して「数値」という絶対的な数量データのほうが明確すぎるからか、**いつしか「いい数値を出すこと」が目的に成り代わってしまう**という珍現象が、しばしば起こります。

本来ならいいカラダになるための体重管理、体脂肪チェック、カロリー調整のはず。なのに、いいカラダになるかどうかを理解しない・考えないまま摂取カロリーを無駄に抑え、ただ痩せ細ったカラダになってしまう。このような失敗例は、かなり多いです。

また、**他者から得たアドバイスを忠実に守ることが、目的に成り代わってしまうパターンも非常に多い**です。たとえば、ジムでトレーニングをしていると「何を食べたらいいですか?」と、相談をもちかけられることがあります。そして、「玄米にしてみたらどうですか?」などと答えると、いいカラダになるための手段のひとつにすぎなかった「玄米を食べること」が、果たすべき目的になってしまうのです。

無敵ポイント

それをする目的は何なのか。「自分だけの筋トレ」を探れ

継続は力になる。が、それだけにとらわれすぎるとしくじりを生む

トレーニングのやり方以上に、食事にはそれぞれのカラダに合う・合わないがあります。白米を玄米に変えてしばらく経っても、**カラダにいい変化が見てとれないのなら、自分には合わない可能性が高いと判断し、ほかの手段に切り替えるべき**なのです。

にもかかわらず、数ヶ月後「玄米を食べているのですが、全然ダメなんです」と、わざわざ現状を報告してくださる。ダメならば、変えればいいだけのことなのに……。

同じように、毎日体重計に乗り続けて、数値の変化に一喜一憂するのも履き違えだということに気づいてください。たとえば、10キロある余分な体脂肪を1ヶ月につき1キロ落としていくペースで取り組むとしましょう。

9ヶ月後、落とすべき体脂肪は1キロになっているはずです。その「残り1キロ」を最初の「10キロあるうちの1キロ」とまったく同じペースで落とせると思いますか？

少し冷静になって考えてみれば、誰にでもわかること。なのに、実際に減量期の渦中

に身をおいて、目的と手段を履き違えてしまっていることにも気づけずにいると、最初に設定したペースになぜか固執してしまうのです。

最近では、ボディビルに限らず、ボディメイク系のコンテストが国内外で数多く開催されています。ハイシーズンである夏から秋前には、インスタグラムなどのSNSを覗くたびに、必ず体重計を写した減量の進捗を記録・報告する投稿を見かけました。

私も競技者の端くれです。大会が近づくにつれ、何かしらの絶対的指標がないと不安になってしまう気持ちは、とてもよくわかります。

でも、そのような不安に押しつぶされそうになり、単なる数字を弾き出すだけの機械にすがってしまうようでは、一生かけても理想のカラダにはたどり着けないでしょう。

繰り返しになりますが、**「いいカラダ」の判断基準は「見た目がいい」こと以外にありません**。そこにある曖昧さを払拭するためにできることは、**自分の目をしっかりもつこと**です。不安に負けそうになったときに頼るべきなのは、本来、機械ではなく自分自身なのです。「自分の目をしっかりもつ」とは、「自分のカラダに対する認識を深める」といい換えることができます。

胸のカタチをよくしたくて始めたはずのベンチプレスが、次第にただのルーティンとなってしまう。体脂肪を燃やすために、トレッドミルなどの有酸素運動をメニューに組み込んだはずが、続けるうちに「ただ、習慣になっているから走る」ようになってしまう。最悪、義務感から継続していることさえあるでしょう。

このように食事以外でも、目的と手段の入れ替わりは頻繁に起こるのです。トレーニングは、ある種の中毒性をもっていますから、続けるうちに「続けること自体が楽しい」と感じるようになるのは、よくあること。無理なく続けられるようになるのは、健康・フィットネスの観点からすればとても素晴らしいことですし、継続という証は、揺るぎない自信にもつながります。人の心に強い力をもたらします。

しかしながら、殊に**カラダのカタチを変えるということに関しては、継続だけにとらわれてしまうと、しくじりを生みます**。

ボディメイクの世界では「反応が悪い」という事実を真っ向から受け止めて、種目という手段を即座に切り替える判断ができる人、つまりは自分のカラダに対する認識が深く柔軟に対応できる人だけが、成功を手にすることができるのです。

無敵ポイント

自分の目を信じること。ただの「習慣」になったら〝終わり〟だ

先入観が肉体改造におよぼす悪影響は、計り知れない

トレーニングに関する話が続きますが、ボディメイクを成功させるための基本スタンスとなる部分なので、食事管理術をお伝えする前にもう少しだけお話しします。

トレーニング業界では、いつの時代にも **「ベンチプレス」「デッドリフト」「スクワット」の3種目をやらずして、肉体改造など成功するわけがない！　といった「ビッグ3」の絶対説**を唱える人たちがあらわれます。

「ビッグ3」と呼ばれる3つは得られる恩恵が多いのはたしかですし、指導現場でも、私自身のトレーニングでも、積極的に取り組むことで成長を促してきました。

ただ、私たちはパワーリフティング競技（ビッグ3の挙上重量で争う競技）でいい成績を出すことを目的として、カラダ作りに勤しんでいるわけではありません。あくまで、いいカラダになるためにウエイトを担ぎ挙げ、食事を管理しています。

なので、**いいカラダになるために「ビッグ3」から得られる恩恵を受け尽くしたと感**

じたら、もうそれ以上、無理に続ける必要はないのです。

どうして今、このような話をしたのかというと「ボディメイクにデッドリフトは必要か否か」というようなプチ論争が、周期的に勃発するからです。

不要派の人たちも、デッドリフトそのものを否定してはいません。カラダを強くするためには、とてもいい効果が得られる反面、**カラダをデザインするというボディメイクにおいては、あまり効果的ではない**のでは？　と訴えかけているのです。

けれども、そのような提言をした途端「不要だなんてあり得ない！」と、ビッグ3信者から猛反発を食らう。提言する側も、天下のビッグ3を相手取って「不要」といい切るほどの自信はなく、毎回、決着がつかないまま議論は終息してしまうのでしょう。

さあ、このなかに**カラダが劇的に変わる可能性の芽を摘む「先入観」**が存在していることに、もうみなさんお気づきですね。ビッグ3というトレーニング種目の中毒になっている、あるいは「ビッグ3は絶対」というすり込み的な情報により「やめてはいけないのでは」という恐怖心にとらわれてしまうことによる悪影響は、計り知れません。

悪影響の最たる例が「ベンチ豚」の出現でしょうか。ベンチ豚とは、トレーニング界におけるネットスラングのようなもの。ボディメイクの一環として取り組んでいたはずのベンチプレスに傾倒し、いいカラダから遠のいてしまった人を揶揄する言葉です。

ベンチプレスを愛するがゆえに、それ以外の種目には手を出さなくなります。全身の運動量が落ちて全体的にムチッとしていくのですが、それも厭わない。なぜなら、体重が増えると挙上重量も挙がりやすくなるからです。

もしもベンチプレス競技にチャレンジするというのならば、目的と手段とにズレはありません。誰も揶揄なんてしませんし、心から応援をしたくなります。しかし、ほとんどの場合、本人は引き続きボディメイクに勤しんでいると思い込んでいるのです。

勘違いしやすいのですが、**「強い胸筋」＝「カッコいい胸筋」という図式は、必ずしも成り立つわけではありません**。ものすごい重量を挙げることができたとしても、大胸筋のカタチが決まっていなければ、いいカラダとは呼べません。

さらにいうと、同じベンチプレスでも強い胸を作る挙げ方と、カッコいい胸を作る挙げ方とがあるのですが、先入観が邪魔をすると、そういった物事の側面にも気づきにくくなってしまうものなのです。

無敵ポイント

絶対的な情報だとしても、ときには疑う勇気を胸に

もつべきは、確固たる目的と対応力に富んだ柔軟な思考

数値にばかり頼ってしまうことによる混乱、継続にこだわりすぎることによる混乱、そして、絶対的な理論に対する先入観による混乱。「目的と手段の履き違え」に目を向けるだけでも、ボディメイクにはこんなにもたくさんの落とし穴があるのです。

ここで起こる混乱とは、長く話をしているうちに落としどころ＝到達地点を見失っていくときの感覚に、すごく近いような気がしています。となると、大切になってくるのは、やはり**最初に設定する「目的」を確固たるものにしておく**こと、ではないでしょうか。

目的を達成するための手段を選ぶ際には、対応力に富んだ柔軟な思考が生きてきます。なぜなら、ボディメイクにはアートの側面と科学の側面があり、科学の側面から見ると、**同じように食事を整えて、同じように鍛えたからといって、取り組んだ全員が同じように発達するとは、限らない**からです。

私は、トップボディビルダーの合戸孝二《ごうどこうじ》さんを心から尊敬しています。ありがたいこ

とにトレーニングをご一緒する機会をいただき、そのたびに合戸さんの執念を燃やし尽くすような姿を目に、耳に、脳裏に、魂に、焼きつけています。

そのときには、さまざまな助言もいただくわけですが……私からしたら神に近しい存在である合戸さんから「ベンチプレスは絶対！」といわれたら、自分にはあまりフィットしない感覚があったとしても、メッセージ性が強すぎてやらざるを得ません。

しかし、頭では合戸さんと自分は別物だという認識ができているので「〝ベンチプレスは絶対〟の本質がどこにあるのか」を探りにいく、という柔軟な対応ができるわけです。

ただ、もしも私が**トレーニングの初心者で、自分で考える力がまだないような状態であれば、信じられる人のいうことを盲信しても構わない**と思っています。結果が出るまで愚直にやり続け、自分のなかで理解が深まり手段の選択肢が広がったタイミングで「守・破・離」を進めていけばいいだけのこと。

知識もある。トレーニングもした。なのに、どうして私たちは肉体改造に失敗するのか。ここまでで、何となく見えてきたのではないでしょうか。

無敵ポイント
他者からのアドバイスに惑わされるな。その先にある本質を見ろ

第 1 章

chapter 1

無敵の
筋トレは
食事に始まり
食事に終わる

筋トレ「だけ」を必死にやっていて、
カッコいい、美しいカラダになる者はこの世に存在しない――。
筋肉を育てるためには、栄養という最適な材料が必要。
「トレ前」「トレ中」「トレ後」「間食」と、各々のタイプ・目的に合わせ、
適切なタイミングで摂取しなければならない。
すべての食事を自分らしくマネジメントすることで、
あなたのトレーニングは完遂する。

私の「トレーニング」は、食事に始まり食事に終わる

前提として、私たちのカラダには、エネルギーを必要としているところに優先的に血を流し、栄養素を送り込もうとする特性があります。

そのため、トレーニングをして筋肉をたくさん動かすと、カラダは筋肉に対し優先的に血を流します。軽く刺激を入れるとパンプアップしてくるのは、このためです。

この間は、胃腸は届く血の量が減るため不活性化しますが、トレーニングを終えると今度は回復に力を注ぐために、栄養を取り入れる窓口である胃腸に優先的に血を流します。つまりは、消化吸収能力が高まるということ。運動をすると空腹を感じるのは、このためです。

ところが、みなさんも経験があると思いますが、**運動した直後はなかなか食べる気が起こりません**よね。実際に「運動後1時間は食欲が湧かない」といったデータもあるくらいです。だからといって、時間をおいてしまうと空腹感が強くなりすぎて、過剰に食

べたくなってしまう……。一見、やっかいなことのように思えますが、ボディメイク時の利点としてとらえることもできます。

トレーニング後の食事をなるべく早い段階で摂るようにすると、摂取量を抑えることができます。つまり、あえて**トレーニング直後〜1時間以内に食事を摂ることで、筋肉に迅速に栄養を送り、成長を効率的に促すことができると同時に、減量期には避けたい「食べすぎ」を起こさないための予防策を講じることができる**、というわけです。

トレーニングにかかわる栄養摂取といえば、非常によくいわれるのが「トレ後30分がプロテイン摂取のゴールデンタイム」というフレーズです。言葉に嘘はありませんが、それさえ押さえておけば完璧！　というわけではありません。

トレ後のゴールデンタイムだけに着目してしまうと、1時間のトレーニングをする場合に、1種目の1レップ目から1時間30分後に栄養が摂取される計算になります。でも、それだけでは開始直後から終わるまでずっと、筋繊維は飢餓状態にさらされることに……。成長どころの騒ぎではありませんね。

ここで**目を向けたいのが、トレーニング前の食事**。車を動かすにはガソリンが必要なのと同じで、カラダを動かすにはエネルギーが必要です。

事前にしっかり栄養を取り入れておくことで、開始直後から最後まで筋肉に材料を送り込み続けることができるようになりますし、カラダが元気な状態にあるとトレーニングの質も自然と上がるものです。そして、1時間をかけてエネルギーを使い切ったら、回復および成長に必要な材料を、トレ後の食事でなるべく早く補給する――。

トレ前の食事、トレーニング、トレ後の食事。この3つをセットにして考えて、整えて、行動に移して、ようやく「いいトレーニング」が成り立つのです。

カラダ作りにおいて、食事がどれだけ強い力をもっているかについては「はじめに」でも書き連ねましたが、「食べたい気持ちが強くてコントロールが利かない」と頭を悩ませる人もかなり多いと思います。

行き詰まりを感じてしまうのは、おそらく**「食べてはいけない」という思い込みがあるから**ではないでしょうか。もちろん「食べすぎ」は避けるべきですが、ここでお伝えしたようにトレ前後の食事では、むしろきっちり食べるべきです。

私は**しっかり「食べられる」こともひとつの才能**だと、考えています。

筋肉を大きく育てるためには、まず材料が必要です。その材料を十二分に取り込める器があることは、カラダ作りには有利です。

図1 トレ前の食事（栄養補給）を意識する

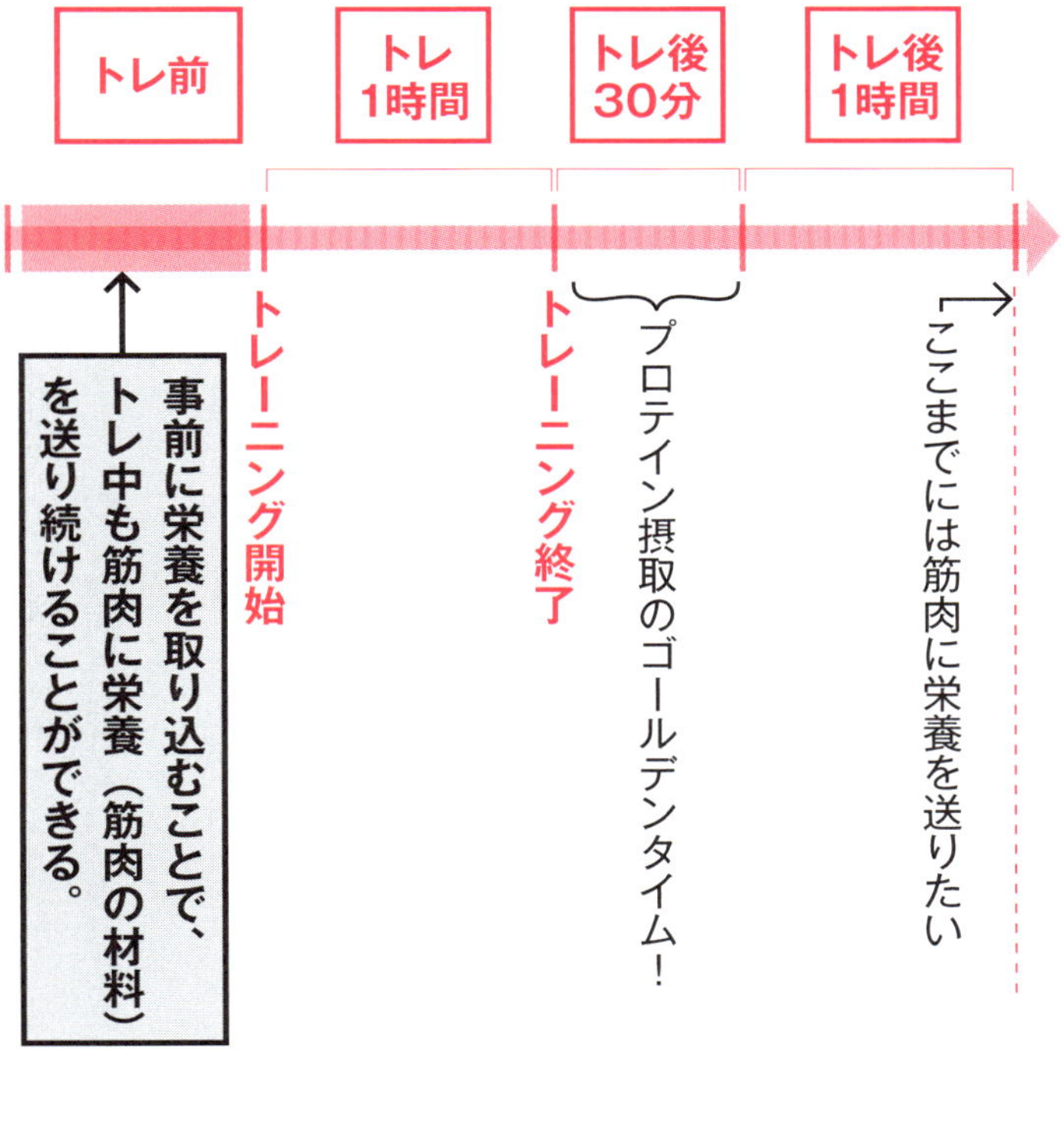

容量たっぷりの器があれば、あとは知識をもって、どれだけの量を入れるか、タイミングに応じて調整していけばいいだけのこと。むしろ入れられない、食べられない人のほうがその先の苦労は多いと思います。

同じ180センチの身長の柔道選手でも、81キロ級から100キロ超級の選手までがいます。下手したら体重が2倍にもなるくらいの幅が、そこにはあるわけです。

骨格が同じということは、胃腸のサイズもそこまで変わらないはず。では、何が体重を左右するのかというと、おそらく胃腸のキャパシティ。**胃腸の才能が、カラダのサイズ感に与える影響はものすごく大きい**ということです。

今回は、ボディメイクという名のもとに筋肉を大きくして、脂肪を適度に削ることでいいカラダに仕上げることを目的としていますが、100キロ超えのカラダに純粋にあこがれる気持ちも私のなかにはあります。

動物の強さが質量で示されることを考えても、**プロレスラーやラグビー選手のような「単純にデカい」というのも、かっこいいカラダの方向性のひとつ**になりますよね。

無敵ポイント

「食べられる」は、ひとつの才能である

「バランスをとる食事」こそ無敵の食事管理術である

減量を目的とした食事術には、いつの時代も**糖質や脂質といった特定の栄養素を敵視して除外しようとする**風潮がついてまわります。

方法論のひとつとして決められた短い期間のなかで実践する分には、特に問題はないと考えています。しかし長期的な取り組みとなると、疑問を呈さずにはいられません。

カラダ作りに大切な栄養素は「三大栄養素」あるいは「五大栄養素」と呼ばれるように3つ、あるいは5つしかありません。多くても片手に収まるほどだというのに、そこから特定のものを除いてしまうことのリスクを、どうして考えないのでしょうか。

車を動かすためには、エンジンとオイルが必要です。あなたはガソリンスタンドに行って「オイルはいりません」といいますか？　大げさなたとえだ、と笑われるかもしれませんが、要は同じこと。

はっきりいいます。**三大（五大）栄養素を軽視するなど、愚の骨頂**です。

ここ数年間、ダイエッターたちから敬遠され続けている糖質。

詳しくは後述しますが、糖質はカラダを作る最も重要な栄養素として定められている「三大栄養素」のなかの炭水化物を構成するひとつです。これを排除するとなると、残るふたつの栄養素（タンパク質と脂質）を駆使してカラダを作っていくことになります。

食事において、**選択肢が狭くなりすぎると「食べるのが怖い」という恐怖心や「ほかのものを食べたら終わる」といった罪悪感が芽生えやすくなります**。続けるうちに「何を食べたらいいのかわからない」という混乱に陥りやすくもなりますし、結局のところ、**我慢というストレスを抱えてしまうから、長く続けるのが難しくなる**のです。

そして、我慢を積み重ねた反動からリバウンドを起こしやすくなる。待っているのは悪循環というわけです。

大前提として、何も特定の栄養素を悪者扱いして排除をしなくとも、食事量と運動量のバランスさえとれていれば、糖質を摂ろうと、脂質を摂ろうと、何を摂ろうと太りません。

行き着くところはカロリー収支であり、**消費エネルギーと摂取エネルギーのバランスをコントロールすることが、カラダに最も大きな影響を与える**のです。

それがあったうえでの栄養素の調整。あくまで「二の次」だということを、しっかり認識しておきましょう。

では確認問題をこなすような感覚で、次を読み進めてください。

たとえば昼食に、炭水化物のそばを食べたとします。糖質、塩分、水分を一気に摂取するため一時的に体水分量が増え、当然カラダは重くなります……が、一喜一憂する必要はありませんよね？ **体重が増えたといっても「太った」わけではない**のですから。

そもそも、みなさんは首から体重を書いた紙を下げていつも街を歩いているのでしょうか。違いますよね。ここで思い出しましょう。体重は、あくまで目安。目を向けるべきは、見た目にいいカラダに近づいているかどうか、でした。

つまりは、減量の最中だからといって、**食事をするたびに「これを食べたら、太る」という、罪悪感を抱く必要などないのです**。むしろ、自分のボディメイクために命を落としてくれた動植物の存在に、心からの感謝を込めて召し上がってください。

そして、その気持ちをトレーニング時のモチベーションに昇華させ、よりよい状態にカラダを仕上げていきましょう。

いいカラダに向かっている私たちが抱くべきなのは、罪悪感なんかよりも、そういった想いなのではないでしょうか。

では、実際には何を選び、どのような食事をすればボディメイクが成功するのでしょうか。話を進めます。

私自身、これまでのボディビルの競技生活のなかでいろいろな食事を試してきました。詳しくは、第4章で1年ごとの取り組みを紹介していきますが、ざっくりお伝えすると、御多分にもれず、ストイックに糖質を制限した時期もありましたし、鶏むね肉をひたすらに食べ続けた時期もありました。

野菜不要説を唱えて、積極的には摂取しなかった時期もあります。しかし、**結果的にたどり着いたのは、一周まわって「バランスをとる」という答え**です。

「無敵の筋トレ食」と尖ったことをいっておきながら、結局は昔から各家庭でいわれ続けているような結論に至ってしまったのは、自分でも意外です。この年になって、ようやく気づく「お母さんの作るごはん」のありがたみ、のひとつかもしれません。

「バランスをとる」だなんて、バズーカ岡田の書籍としてキャッチーさに欠けることも、重々承知のうえです。

いや、しかし、たとえインパクトに欠けたとしても、本質的なボディメイクに挑むなら「バランスをとる食事」に代わるものは存在しないということを、あえて今の世の中に、声を大にしてお伝えしていきたいのです。

もちろん「バランスをとる食事」といっても、いわゆる「健康のための全網羅的、かつ教科書的」な食事などではありません。

脂肪を削り、筋肉を盛るために必要な、**最適な栄養摂取の黄金則であり、食材の正しい取捨選択の仕方**をお伝えしていきます。

あるのは、**向かっていきたいカラダに対する「バランスのとれた食事」**であり、なおかつ、何かだけを徹底的に排除したりも、逆に何かだけを極端に増やしたりもしない、**長い時間をかけて取り組めるあなたにとって「バランスのいい食事」**です。

そこには、無理も我慢も一切ありません。

ストレス&ギルトフリーで楽しみながら減量を進めることができる――。

やはり、本当の意味で、「バランスのいい食事」こそが「無敵の食事管理術」であるといわざるを得ません。

無敵ポイント

三大栄養素を無視しては、カラダは仕上がらない

ハードゲイナーは、まず栄養を仕入れろ

筋肉が発達しやすい人を「イージーゲイナー」、筋肉が発達しにくい人を「ハードゲイナー」と呼びます。これらは生まれもった素質・才能です。

特にハードゲイナーはボディメイクに悩みがちですが、残念ながら努力でどうにかできるものではありません。ただし、ひとついえることは**筋肉は、無尽蔵に大きくなればいいというわけではない**、ということです。

何に「美しい」と感じるかは、人によって異なります。「いいカラダ」に基準がないのも、そのためです。もし、ボディビル競技の審査などではなく、広く肉体に対して評価をするとなったら、私は必ずしも大きな筋肉だけをよしとする必要はないと思っています。

なぜかというと、**筋肉は小さくてもデザインが決まり、体脂肪をうまく剥ぎ取ることができれば、とてもいいカラダになれる**からです。

ボディメイクにおいて、実際にはイージーゲインもハードゲインも関係ない。これ

は、私だけの個人的な意見というわけでもありません。

なぜなら、無差別級で開催される日本のトップビルダーを決める「男子日本ボディビル選手権大会」で、優勝する選手は重量級に限らないからです。

２０１０年以降、９連覇を成し遂げ、世界の舞台でも高い評価を得ている鈴木雅《まさし》さんは、階級でいえば80キロ級の選手です。

その上には85キロ級、90キロ級というふたつのクラスがあるにもかかわらず、日本のトップに君臨しています。なお、既出の合戸さんも70キロ級ですが、過去、同大会での3連覇を含む4回もの優勝を成し遂げています。

「いいカラダ」には、筋肉の重量（体重）だけでは片づけられない別の評価軸があることが、この厳しい競技の世界でも証明されているのです。なので、筋肉が発達しにくいハードゲイナーだからといって、ボディメイクをあきらめる必要はないのです。

そうはいっても現実には「発達しやすいことの強み」も「発達しにくいことの弱み」もあるわけで、当人からしたら、どのように進めていけばいいのか悩むところです。

結論からいうと、**それぞれの特性に合わせて程度を探っていけばいい**。筋肉がつきやすいならトレーニングを、筋肉がつきにくいなら食事も含めて工夫していきましょう。

ふたつのタイプ、それぞれについて取り組み方を記しておきます。

筋肉がつきやすい＝イージーゲイナーの場合

一般的な取り組み方をしているだけでも、個人の美的感覚を逸脱するような筋肉量に達してしまう場合があります。そのようなときには「成長を止める（維持）」アプローチを取り入れましょう。

自分が求めるレベルにたどり着いたと感じたら、トレーニングのレベルを落とすのです。完全オフにして筋肉を失ってしまうのはもったいないので、頃合いを見て少しラクなトレーニングに移行しましょう。種目を変えたり、回数や頻度を抑えたり、重量を求めないようにすることで、現状維持につとめます。

筋肉がつきにくい＝ハードゲイナーの場合

筋肉がつきにくい人ほど、真面目に真摯にトレーニングに取り組んでいるもの。むしろ、頑張りすぎてしまうくらいの人が大半ですから、トレーニングが甘いから筋肉がつかない、という安直な考えはここでは当てはまりません。反対に、摂取できるエネルギーに対して、トレーニングで消費するエネルギーが多すぎる可能性もあるので、トレーニング時間を減らすという盲点を突く選択が奏功することもあります。

見直していきたいのは、食事です。十分な材料がなければ、工夫を凝らした料理ができないのと同じように、カラダのなかに十分な栄養素がなければ、必要最低限以上の筋肉は作れないのです。

筋肉を作るための材料を取り入れるという話をするときによくあるのが、男性に多い「プロテインサプリメントを積極的に飲めばいい」といった誤解、あるいは女性に多い「プロテインを飲むと太ってしまう」という思い込みです。どちらも、大きく間違っています。

ハードゲイナーの食事は、1日3食をきっちり摂ることがスタートラインです。

週21回の食事の精度を高めたうえで、補食をプラスします。4食、5食、6食……と増やして、はじめてプロテインを飲むという選択肢を手に入れることができるのです。

無敵ポイント

筋肉がつきにくいなら、トレーニングを減らすのも一手

ボディタイプ・マトリックスで現状を可視化する

「ハードゲイナー」と一括りにしてはいますが、そのなかでもタイプはさまざまです。たとえば「筋肉も体脂肪もつきにくい人」もいれば「筋肉はつきにくいけれど体脂肪はつきやすい人」もいます。あるいは「食事をあまり食べられない人」と「食事をたくさん食べられる人」もいて、そのなかでも「油ものが食べられず摂取カロリーが稼げない人」と「油ものが食べられて摂取カロリーを稼ぎやすい人」というように、細かなところでタイプがわかれていくのです。

まず、イージーゲインなのかハードゲインなのか、という基本の**ボディタイプ・マトリックスを作り、自分がどのタイプに属しているのかを確認する**のもおすすめです。なぜなら現状を可視化することで、ここから目指すべきところ、その過程で歩むべき道が見えやすくなるからです。

もしもこの先、筋肉がつきやすかったのにつきにくくなってしまうなど、カラダに変化が起きたときにも、このマトリックスに立ち戻ることで冷静に対応しやすくなる、という利点もあります。

体脂肪がつきにくい人は、「食べる」という行為が、いいカラダを遠ざけることにはならないので、あまり神経質にならず、しっかり栄養のあるものを食べましょう。

反対に、体脂肪がつきやすい人は、減量に際し「体脂肪が減っているかどうか」をモニタリングする必要があります。体脂肪率を参考にしてもいいのですが、見た目を重要視して継続的にチェックしましょう。食事については第2章以降を参考にして、自分に合ったやり方を見つけ出していただきたいです。

体脂肪がつきやすい人というのは、当然ただ食べるだけでは太ってしまうわけですから、有酸素運動がマストです。**しっかり食べて筋肉に十分な栄養を送ったうえで、余剰分は有酸素運動で削る**というテクニックを取り入れましょう。

ただし、有酸素運動には筋肉をつきにくくしてしまう働きもあるため、筋トレとは時間をおいて実践していくことが望ましいです。

どれくらいの時間をおいたらいいのかというと、目安は6〜8時間です。

たとえば、平日仕事終わりの夜にトレーニングをするのなら、出勤時ひと駅歩く。仕

図2 **ボディタイプ・マトリックスの例**
(イージーゲイナー／ハードゲイナー)

	筋肉がつきやすい（イージーゲイナー）	筋肉がつきにくい（ハードゲイナー）
体脂肪がつきやすい	・カロリー過多に注意する ・有酸素運動を入れて余剰なカロリーを削る（筋トレとは離れた時間帯で） ・体脂肪量、見た目をモニタリングする	・タンパク質を中心にカロリーを余剰なくらい、摂る（必ず頻回で） ・間食でタンパク質を摂る
体脂肪がつきにくい	・ボディメイクには最強のカラダ ・好きに生きてよい	・「食べる」ことに神経質にならず栄養をしっかり摂る ・1日4食以上の頻食にチャレンジする

事に出る前の朝にトレーニングをするならば、夜にジョギングをする。

経験上、有酸素運動は飽きやすく継続しないことが多いです。そのため、いかにして生活のなかに組み込むかが大きなポイントになってきます。

スーパーに寄って夕飯の買い出しをすることで歩く時間と距離を稼いだり、夫婦共働きで小さなお子さんがいる人であれば、保育園の送り迎えを担当する際に自転車などを降りて歩くというのもいいかもしれません。

ひとつ、注意を加えるとすれば、**その日に鍛えた部位とは異なる筋肉を使った有酸素運動を入れていきたい**ということです。

胸や背中など上半身を鍛える日にウォーキングやランニング入れて、脚の日はきっぱり休みにする。脚の日にもやりたい！　ということであれば、環境が整うのなら水泳やロープトレーニングで上半身を中心とした有酸素運動を行います。

それこそ先ほどの話の続きで小さなお子さんがいるのなら、休日などは公園で一緒にうんていをするのもいいかもしれません。生活にうまく組み込めればベストです。

無敵ポイント
体脂肪がつきやすければ、筋トレと離れた時間に有酸素運動を

筋肥大の働きを最大限確保して、体脂肪をそこそこ管理する

一般的に、脂肪を効率的に落とす目的であれば「筋トレの後に有酸素運動をする」ことが推奨されています。理論としては、間違っていません。

それでも、本書ではハードゲイナーで体脂肪がつきやすい人の場合に限り、筋トレから6〜8時間ほど空けて有酸素運動を行うことをおすすめしています。

理由を説明しましょう。**筋肉を育てるには、狙った箇所に豊富な栄養を届ける必要があります**。そのために私たちのようなボディビルダーは1日あたりに鍛える部位を絞り、ハードなトレーニングをして狙った筋肉を十分に疲労させて、血流を届けられるような環境を整えているのです。ハードゲイナーは、ただでさえ筋肉が発達しにくいのだから、まず取り組むべきはこうした環境設定に尽力することです。

ここで、体脂肪も落としたいという想いを、前述の一般論に託してしまうとどうなるか。**せっかく整えた環境から逸脱し、血流が全身に回ってしまう**のです。

筋肉が大きく成長しようとするのは、トレーニングから48時間以内といわれています。効果の〝ヤマ〟は、当然トレーニング直後がもっとも高いわけですから、その間は筋肉の成長を見守る時間に当てたほうが、効果的ですよね。

もちろん有酸素運動による体脂肪除去効率は落ちます。しかし、何を優先すべきかというと「筋肉がつきにくい」という弱点をカバーすることではないでしょうか。**筋肉が大きく育とうとする働きを最大限、確保する。そのうえで、体脂肪をそこそこ管理する。**「筋肉がつきにくい」とか「体脂肪がつきやすい」とかを抜きにしても、よく「有酸素運動は筋トレの後がいいですか？」「有酸素運動はプロテインを飲んでからですか？」と聞かれるのですが、それに対する明確な答えはありません。あなたが**どういう肉体改造をしたいのかによって、選択すべき手段は変わってくる**のです。

同時に、100点のことばかりはできないということも、事前に理解しておきましょう。朝歩く時間がない人はトレーニング後に歩くしかありません。100点を出すことに注力しすぎると、それができなかったときにネガティブになってしまいます。

無敵ポイント **効率のよさがすべてではない。道草しても、到達するところは同じだ**

「塩抜き」「水抜き」のキャッチーさに惚れるな

つい先日「**ボディビルダーは、いつも塩分を抜いているんですか？**」と聞かれました。**そういう人がいたとしても極めて少数であり、大抵の人はバランスのとれた食事を心がけています**、と話したうえで、質問の意図をたずねました。

返ってきたのは「テレビで女性が『味をつけたものは一切食べない』といっていたので……」という答え。平成も終わりを迎えようとしている今、そんなにも前時代的な取り組みをしているトレーニーがいるのか！　という驚きもありましたが、同時に、**ボディビルとは世間に間違ったイメージを植えつけられやすい分野であると**、改めて実感しました。メディアは、良くも悪くも発信力の強さを求めています。そのため目的に対する手段として多少の偏りがあるものを、好んで取り上げる傾向にあります。

実際のところ「**塩抜き**」「**水抜き**」**というのは、大会直前の追い込み段階で、手を伸ばすかどうかの瀬戸際にある最終手段**です。食事から塩分を抜けば、カラダからは水が抜けていき、当然体重は軽くなり、見た目にも多少の締まり感が出てきます。よく知らない人が聞くと、たった数日で結果が出て効率がいいように感じるのかもしれません。ただし、**いずれも一瞬の効果であって、本質的な肉体改善ではない**のです。

締まり感が出てくるのは、筋肉と皮膚との間にある水が抜けていくから。体水分量が減ることによって起こる現象にすぎず、それはつまり血管内の水も同じように減っていく＝ドロドロの血液になっていくことを暗に示しているのです。

血液がドロドロになることのリスクは、すでにご存じでしょう。心臓や腎臓、脳血管に与える影響がとても大きく、カラダにダメージを与えてしまいます。

いいカラダになるために、健康を損なっては元も子もありません。そんな「塩抜き」「水抜き」に、長期的に取り組むというのは、私には考えられません。

大会出場を明日に控えて調整が間に合わず、藁をもつかむ思いで取り組むのならまだしも、ただ「塩抜き」「水抜き」というキャッチーな言葉の「それっぽさ」に惚れて気軽に試すというようなことは、決して行ってほしくはありません。

無敵ポイント

「塩抜き」「水抜き」は、本質的な肉体改造にあらず！

筋肉とプロテインの関係性を正しく理解しているか

食事を見直すにあたり「筋肉の材料」というものを、改めて学び直す機会を得てもいいかもしれません。

というのも、あらゆるところで筋肉にまつわる活動を続けるなかで「タンパク質」「プロテイン」「アミノ酸」に対する誤解が根深いことを感じますし、それぞれのつながりを理解していない人があまりにも多すぎるからです。

筋肉＝タンパク質（だけではありませんが）という認識は、かなり広まってきているように思います。けれど、一度「プロテイン」という言葉を出すと拒否反応を示しがちなのはなぜでしょうか。

プロテイン＝タンパク質です。タンパク質を摂りやすくするために、パウダー状にしたサプリメントが「プロテインパウダー（いわゆるプロテイン）」というだけの話です。

プロテインパウダーにも種類はいろいろありますが、最も一般的な「ホエイ」と名のつくプロテインパウダーの原材料は、牛乳です。**いってみれば、ヨーグルトからタンパク質以外のものを抜き取ったものと同じ**。形状がパウダーになったからといって、突然「異質なもの」として眉をひそめるのは、いかがなものでしょうか。

なお、栄養摂取の基本は食品から、という考えが私のなかにあります。タンパク質を多く含む代表的な食品は、肉、魚、卵、大豆、乳製品。高タンパク質低脂質の食材を見抜き［↓60ページ参照］、それらを積極的に食事に盛り込み、バランスよく摂取することを私自身、実践していますし、この本でも推奨していきます。ですので、プロテインパウダーを栄養摂取のメインに据えることはありません。

食品を口に入れた後、どのようなプロセスを経てカラダに取り込まれ、筋肉の材料となっていくのか、考えたことはあるでしょうか。

口のなかで咀嚼され、胃腸に流れ込みます。**胃腸で消化される際にタンパク質は「ペプチド」と「アミノ酸」に分解されます。バラバラの状態で小腸から体内に取り込まれて血流に乗り、細胞に吸収される**。血液に乗って筋肉の細胞をはじめとする必要な各所にデリバリーされているのです。

これが、栄養補給の実態です。

タンパク質含有量の高い食品の摂取量が足りていなければ、当然、材料不足の状態になります。材料が不足すると、筋肉の成長は滞ります。

そのため1日あたりのトータル量は確保していたとしても「夜以外はあまり食べない」ということになると、朝から夕方までは材料不足の状態に陥って、その間に筋肉は小さくなろうとするのです。

1回につき、どれだけのペプチドやアミノ酸を筋肉が取り込めるのかについては議論が残りますが、上限なく取り込めるわけではないことだけは、わかっています。つまり、**1回の食事で1日の充分量を取ろうとすると、余剰分は体脂肪となって蓄えられてしまうか、排泄されてしまう**のです。

1日あたりのタンパク質摂取量の目安は、一般には「体重1キログラムあたり1グラム」、**カラダを変えようとしている人は「除脂肪体重1キログラムあたり2~3グラム」で算出**します（除脂肪体重については75ページで詳しく説明します）。

除脂肪体重60キログラムなら、1日あたり120~180グラム。夕食だけで賄おうとすると朝から夕方までが欠乏状態に陥るため、最低でも朝・昼・夜の3回にわけて摂っていきます。

肉に含まれるタンパク質は、平均して総量の20～25％。1食あたり40～60グラムのタンパク質を摂るためには、約２００～３００グラムの肉を食べなくてはならないのです。**肉のすべてがタンパク質と勘違いしていた方も多い**でしょう。

もちろん肉や魚といった主菜だけでなく、小鉢などの副菜を工夫して大豆や乳製品などを摂り、食事全体のなかで組み合わせて総計40グラムを確保できればいいのですが、毎日、毎食、管理していると、ときにはうまくいかないこともあるでしょう。

そういった場合に有効なのが、プロテインパウダー。

水に溶かすだけなので何より手軽ですし、肉や魚といった食品とは異なり脂質を含まないため余計なカロリーを摂ることなく、より純度の高いタンパク質を摂取することができます。

ここを誤解なきようしっかり理解していると、かなりうまく活用できるようになるのではないでしょうか。

無敵ポイント

「プロテイン＝タンパク質」。1日3回以上にわけて摂るのが、基本中の基本

図3 主な食材のタンパク質含有量

		エネルギー (kal/100g)	タンパク質 (g/100g)	脂質 (g/100g)
鶏肉	鶏ささみ肉	114	24.6	1.1
	鶏むね肉（皮なし）	121	24.4	1.9
	鶏もも肉（皮なし）	138	22	4.8
	鶏レバー	111	18.9	0.6
牛肉	牛ヒレ肉	195	20.8	11.2
	牛もも肉（脂身なし）	181	20.5	9.9
	牛肩肉（脂身なし）	217	17.9	14.9
	牛サーロイン（脂身なし）	270	18.4	20.2
	ローストビーフ	196	21.7	11.7
豚肉	豚ヒレ肉	130	22.2	3.7
	豚もも肉（脂身なし）	148	21.5	6
	豚ロース肉（脂身なし）	202	21.1	11.9
	焼き豚	172	19.4	8.2
魚類	アジ	126	19.7	4.5
	カツオ（春獲り）	114	25.8	0.5
	ホッケ	115	17.3	4.4
	サケ（紅鮭）	138	22.5	4.5
	サバ	247	20.6	16.8
	サンマ	297	17.6	23.6
	マグロ（赤身）	125	26.4	1.4
魚類（加工品）	ツナ缶（ライト ※ノンオイル）	71	16	0.7
	サバ缶詰（水煮）	190	20.9	10.7
	サバ缶詰（味噌煮）	217	16.3	13.9
卵類・乳製品	鶏卵（全卵）	151	12.3	10.3
	鶏卵（卵白）	47	10.5	Tr
	低脂肪乳	46	3.8	1
	プロセスチーズ	339	22.7	26
大豆食品	糸引き納豆	200	16.5	10
	絹ごし豆腐	56	4.9	3
	豆乳	46	3.6	2

※成分数値はすべて文部科学省「日本食品標準成分表（2015年版七点訂）」より抜粋
※加工食品の栄養成分量は各メーカーで異なる
※「Tr」：含有量が数値化できる最小量に達していない

サプリで得られるものは「安心感」とわきまえる

「とりあえずプロテイン・サプリメントを摂っておこう」という人が、あまりにも多いように感じています。おそらく筋肉をつけるためにはプロテイン（パウダー）、そしてサプリメントの摂取がマストと認識しているのでしょう。

ショーン・レイという伝説のボディビルダーをご存じでしょうか。とても美しい筋肉で、90年代に活躍をした選手です。彼はビデオのなかで**「お金を手に入れたなら、握りしめてスーパーに行け」**といった内容のコメントを残しています。

意訳すると、細分化が進んだ高額サプリメントを買い揃える余裕があるのなら、それで良質な肉を買い、3食しっかり食べろという意味です。同時に、自分の筋肉を育てたのは、サプリメントではなく管理された食事だということも伝えているのでしょう。

サプリメントに手が伸びるのは、食事で補いきれていない栄養素があるかもしれない、という不安があるからです。つまり、そこから得られるものは安心感なのです。

空腹が満たされるとか、おいしさに幸せを感じるといった類の充足感はほとんどありません。となると、必然的に継続性は低くなります。

だったら、**サプリメントにお金を費やすよりも1日3食をおいしく賢く紡いでいくために、よりよい食材＝いい肉を手に入れたほうがよっぽどスマート**です。

実際問題、いい肉は旨い。肉自体が旨ければ、余計な調理を加える必要がなくなるため手間が減りますし、何より素材の味を楽しめる「いい舌」も育ちます。

いい舌こそ、ボディメイクにおける最大の武器。体脂肪を徹底的に削る場合、必然的に食べられるものが限定されます。そうなったとき、素材の味で満足できる舌をもっていると、かなりラクに過ごせます。

これは、私自身の経験に基づいた理論でもあります。過去、ボディビルの減量末期で肉や野菜の素材の味に気づいた瞬間がありました。同時に、普段の生活でどれだけ調味料に逃げているのかということもわかり、食材そのものに質のよさを求めることの必要性、ショーン・レイの言葉の意味を、実体験をもって知ったのです。

無敵ポイント
サプリに頼るくらいなら、食材の「質」に目を向けろ

野菜と穀物の存在なくして、人生最高のカラダには到達しない

ボディメイクに目覚め、食事に気をつかうようになると、大抵の人がタンパク質摂取量や糖質・脂質の制限に気をとられてしまい、野菜という大事な存在が意識のなかから抜け落ちてしまいます。かつての私もそうでした。痛いほどわかります。

野菜がもつ主な役割は、ビタミン・ミネラル、食物繊維の補給です。ビタミン・ミネラルは、ダイレクトにカラダを作るわけではありませんが、三大栄養素の代謝をよくするため、生理機能を正常化するために必要になってきます。

食物繊維も第6の栄養素といわれるほど大切なもの。重要性は頭では理解しているつもりなのですが……。

強靭な肉食動物たちはひたすら肉を食らうことで、強くたくましくなっていくというのに**「葉っぱ」を食べて本当に強くなれるのか？**　限りある**大切な胃のスペースを、「草」に埋められてしまうほど非効率的なことはない！**　と、どうしても肉食を優先す

る方向に考えてしまうのだと思います（違いますか？）。

でも、考えてみてください。私たち生命の源は、地球です。地球に育まれた大地の恩恵を排除して、心地よく生きていくことが本当にできるのでしょうか。この雄大な仕組みに気づいたとき、それまで狭小化した視野で「野菜ほぼ不要説」を唱えていたことが恥ずかしくなりました。

詳しくは第3章にてお伝えしますが、ボディメイクするにあたって鶏むね肉が最強食材であることに間違いはありません。だからといって、鶏むね肉だけを摂っていれば素晴らしい肉体に仕上がるのかというと……足りないものが出てくるのです。

その足りないものというのは、動物以外の食物。**地球から養分を吸い上げて成長をしていく野菜であり、穀物であり、つまりは「大地のめぐみ」いや「地球そのもの」であるというわけです。**

野菜も穀物も、肉と同じく質のいいものを選び、味覚を磨いていきたいところ。**旬のものを選べると、なおいい**ですね。

旬のものは、そのときに一番おいしい状態にあるという点でもおすすめですし、含まれる栄養素も豊富であり、カラダの機能を引き出す力を兼ね備えているからです。

現状、野菜に対してどうにも気持ちが高まらないという人も、ぜひ一度、試してみてはいかがでしょうか。

私が「野菜ほぼ不要説」を払拭したのは、減量期間中に野菜を口にして、その瑞々しさや甘さといったおいしさに、感動を覚えたからでした。

食事に野菜をプラスすることで、カサ増しできることにも気がつきました。**カロリーは抑えられ、なのに満腹感を高める**ことができる。食物繊維も摂れるから、便通もよくなるし、減量を進めるにあたりプラスの変化ばかりが、立て続けに起こったのです。

調理自体は肉だけの場合よりも当然工程が多くなり、若干面倒なことは否めません。しかし、逆にいえばネックとなるのはそこだけ。それ以外には、受けられる恩恵が大きすぎるがゆえ、食べない理由が見つからなくなってしまいました。

私的ベストな摂取法は、野菜の水分と旨味を活かした自作の弁当です〔↓258～259ページ参照〕。

そうはいっても、何も難しいことはしていません。茹でた鶏むね肉の上に、蒸し焼きした野菜をかぶせて蓋をするだけ。柔らかく茹でたとしても時間の経過とともに固くなるむね肉が、野菜の水分によって蒸らされて、しっとりとした食感が持続するのです。

食感だけでなく、味の面でもプラスに働きます。鶏むね肉はどのように調理をしても塊の状態で深部まで味を染み渡らせることが難しいのですが、野菜の旨味と一緒に食べれば、それだけで食べにくさが解消されます。むね肉がパサパサしていたとしてもカバーできます。

また、**野菜と同じく忘れてはいけない存在といえば、穀物**。穀物といえば、米や麦に代表されるように炭水化物の含有量が多い食材です。

ただ、穀物も〝地球（大地）にささって〟育つため、本来は養分をたっぷり吸い上げビタミンもミネラルも食物繊維も豊富なはず。

しかし、たとえば米なら白米に精製される段階で、そういった栄養素はほとんど削ぎ落とされてしまいます。だから、**ボディメイクや健康を考えたときには白米より玄米、小麦なら全粒粉を選ぶよう**すすめるわけです。

穀物の素晴らしい点は、野菜よりも食物繊維を豊富に摂れるところです。野菜を食べないと食物繊維が不足する、とよく思われがちですが、そうでもありません。

野菜をあまり食べない人が、さらに穀物＝炭水化物も制限してしまうと食物繊維不足に陥り便秘などを発症するのです。実際、現代の日本は穀物から摂取する食物繊維が減っていて（1955年に比べるとなんと三分の一程度に）、野菜など穀物以外から摂取する食物繊維はあまり減っていないのです。

現代の日本では**「炭水化物＝糖質」と思い込んでいる人が非常に多いのですが、「炭水化物＝糖質＋食物繊維」であり、炭水化物を選ぶときには食物繊維を豊富に含んでいるかどうかを考えることが大切**です。

今の日本人の食卓に上がる穀物のメインは、食物繊維が取り除かれた白米や精製された小麦なので、**「日頃よく食べる炭水化物＝ほぼ糖質」という認識はあながち誤解ではないともいえます。**しかし「炭水化物＝太る」という図式は根本的には間違っているので要注意です。

ここから先、炭水化物との具体的な付き合い方については、第2章以降でお伝えしたいと思います。

無敵ポイント
侮るなかれ「野菜と穀物」。合言葉は「地球を喰らえ！」

無敵の筋トレ食には、人生を底上げする力がある

食事とは、**栄養をカラダに取り込む行為**です。直前の行動で消費した分を補給し、回復を促す意味もありますが、より強い影響を与えるのはその後の行動に対してです。

トレーニング前の食事は、トレーニングの良し悪しを左右します。競技練習の前の食事は、練習において精度の高い動きができるか、また粘ることができるかどうか、モチベーションが上がるかどうかを決めます。仕事の前の食事は、多種多様なタスク処理に向けて集中力を保てるかどうかに関係してきます。

1回1回の食事を、その後に続く行動のためのガソリンとして認識しておくと、毎日の生活をロジカルに意義をもって組み立てていくことができるようになるのです。

たとえば、最近は取材を受けるときには、できる限り「午後2時」を設定するようにしています。取材までの1日の流れは、次のような感じです（減量期ではない場合）。

朝起きて食事をし、トレーニングに行く。2回目の食事を摂ってから、大学での授業

や仕事をこなし、周囲の環境を落ち着かせる。するとちょうど午後2時を迎えます。「話す」という行為は、意外と集中力やエネルギーを要するもの。それを賄うのが、トレ後の食事です。カラダを動かし消費した分を補給しつつ、これから「話す」分のエネルギーも、ここでしっかり確保しておくのです。

これが午後2時より遅く、夕方に近い時間帯になってしまうと、トレ後の食事から時間が経過しすぎてしまい、「話す」行為に使えるエネルギー量が減ってしまう。つまり、頭の回転が鈍り、思うような対話ができなくなってしまうのです。会話の着地点が見出せなくなったり、話をまとめるのが難しいと感じたりします。

また、朝にトレーニングをすると「午前中の仕事に、運動の疲れが出てしまうのでは……」と不安に思う人も多いと聞きます。実践者の意見としては、トレ後の食事でエネルギーを補給するので、その後の仕事のパフォーマンスはむしろ最高。

その代わり夕方以降は、いま説明をした通りエネルギーが切れがちです。あまり頭を使わなくてすむような、ルーティンワークなどに時間を当てて、バランスをとるようにしているのです。

このように**1日をプログラミングしていくと、減量をスムーズに進めながらもボディ**

メイク以外に取り組むべきこと——たとえば、仕事の現場でエネルギー切れなどという支障をきたす恐れが、消えてなくなります。

本書における「無敵の筋トレ食」には、あなたのボディメイクを後押しするだけでなく、生活のすべてを底上げする力がある、といえるのではないでしょうか。

さて、確認の意味も込めて、繰り返します。**トレーニングとは、使った部位の血流を増やすための環境整備**です。それはつまり、狙いを定めた筋肉に、このあとの食事から栄養を受け取る準備を促す行為ともとらえることができます。

では第1章の締めくくりとして、このシステムを逆手にとった「使えるテクニック」をひとつ、ご紹介しましょう。

ボディメイクを続けていると、時々、無性に「量」を食べたくなるときがあると思います。そういったときに強い気持ちで我慢をして、気持ちを抑えることができるのなら何も問題はありませんが、ふと湧いて出てきた感情を閉じ込めるのには、多少なりともストレスを感じるものです。

ストレスこそ減量の最大の敵。なので、そういうときには無理に我慢をしなくてもいいのです。**「今日は、いつもより多く食べたい」**と思ったのなら、**仕方がない**と割り切って、思い切って食べてしまいましょう！

そうはいっても、食事から得た栄養素のデリバリー先が脂肪になってしまっては、これまでの努力が水の泡です。

では、どうしたらよいのかというと……**より成長を促すべき弱点部位のトレーニング日にしてしまえばいい**のです（トレーニング後にしっかり栄養を摂る）。

そうすることで、筋肉をもっとつけたいという欲求も、もっと食べたいという欲求も満たしながら、ボディメイクを進めることができるようになります。

食べたいときは、弱点部位をトレーニングする。いつもよりも少なくてもいいんです。ゼロでなければ、後退ではありません。食べたい欲に襲われがちな人は、減量期の標語として目につくところに貼っておいてもいいかもしれません。

というのも、ルールに縛られすぎると反発心が芽生えやすくなるのと反対に、**抑制ばかりではなく許しが得られるとわかっていると案外欲が芽生えない**ということも、往往にしてあるからです。

無敵ポイント
食べたい欲は、弱点部位のトレーニングで解消する

第 2 章

chapter 2

食べて絞る！
栄養で
筋肉を仕上げる
食事改革

食事の基本ルールはいたってシンプル。
栄養素バランスの最適解通り、毎食管理するだけ。
トータルのカロリー（エネルギー）収支を意識しながら、
1日、1週間、1ヶ月、1年といったスパンでプログラミングし、
食事に自由を手に入れよう。
長きにわたる迷いなき「筋トレ食」が、
あなたの筋肉の成長を最大化する。

「PFCバランス」の最適解をグラム単位で考える

まず、カラダを「絞る」という行為は、「除脂肪」といい換えることができます。そして、**除脂肪とは一言であらわすなら「『体脂肪』のみを減らすこと」**。通常のダイエットにおける体重という判断基準だけでなく、見た目、ウエスト、体脂肪率などで判断し、脂肪純減を狙います。それにより、筋肉の形が際立つので、カラダの見た目もカッコよく美しく変わる、という考え方です。

除脂肪を始めるにあたって、すべきこと。それは、**自分にとって必要最低限のカロリー（厳密にはエネルギー）を把握する**ことです。必要最低限というのは、太りもしないし絞れもしないということ。今のカラダを維持するためだけに必要なカロリー（摂取可能カロリー）を把握しましょう。

トレーニング中上級者の方であれば、把握済かもしれませんが「除脂肪体重（体脂肪率を測り、体重から体脂肪分の重りを除いた重量）×40」が現状維持のカロリーの目安になります（しっかりトレーニングをするという条件で）。

しっかりトレーニングする場合の1日の摂取可能カロリーの目安（キロカロリー）

除脂肪体重（キログラム）×40　※除脂肪体重＝体重－（体重×体脂肪率）

例　体重75キログラム、体脂肪率20％の場合

除脂肪体重＝75－（75×0・2）＝60キログラム

摂取可能カロリー目安＝60×40＝2400キロカロリー

詳細は84ページに記しますが、摂取可能カロリーを把握したら、次は減量の原則を考えます。**減量の原則とはカロリー収支。つまりは「摂取カロリー＜消費カロリー」**です。

しかし実際には、この数字を常に把握することは困難です。慣れてきたら、鏡を見たり、体重体脂肪計を見たりすることで、状況を確認しながら進めていくことになります。

ここからさらに、除脂肪をして肉体を改造していこうとするときに取り入れたいのが**「PFCバランス」を意識した食事管理術**です。「PFC」とは、タンパク質（Protein）、脂質（Fat）、炭水化物（Carbohydrate）、いわゆる三大栄養素の頭文字です。

なぜ、ここにきて「三大栄養素」に着目する必要があるのかというと、**私たち人間が活動する際のエネルギー源となるもの**だからです。世の中にはさまざまな栄養素が存在しますが、エネルギーとなるのはこの3つしかありません。最低限これらを理解して生活すれば、カラダは動き、筋肉は育ち、必要量の脂肪も確保できるというわけです。

1日のトータル摂取カロリーを見ていくことはもちろん大切なのですが、さらにそこから「中身」に目を向ける＝**1食ごとのPとFとCのバランスを調整し、守ることが、ボディメイクに向けた食事術の超基本であり**、案外見落とされているルールなのです。

つまり「PFCバランス」とは、摂取カロリーに対する三大栄養素の構成比率。全体を10として、たとえば、摂取カロリーが2000キロカロリーならば「P4：F2：C4」。この場合は「P＝800キロカロリー、F＝400キロカロリー、C＝800キロカロリー」となります。このように比率を保ちながら、3つそれぞれの栄養素をカロリーに換算していくのです。

ただ、こうして比率で考える方法がわかりにくいという声も聞かれます。そこで、今回は実践しやすくするために、グラム数を中心とした「3つのルール」を定めることで理解を進めていきたいと思います。

無敵ポイント

あなたの目指す除脂肪体重は？　1日の摂取可能なカロリーは？

図4 三大栄養素の働きと特徴

	炭水化物（糖質）	脂質	タンパク質
主な働き	・エネルギー源となる	・エネルギー源となる ・ホルモンの材料となる ・細胞膜の成分	・筋肉、臓器、皮膚、毛髪、爪、酵素、抗体などの材料となる ・補助的なエネルギー源
エネルギー（カロリー）	1グラムあたり4キロカロリー	1グラムあたり9キロカロリー	1グラムあたり4キロカロリー
過剰摂取のリスク	・肥満 ・糖尿病 ・動脈硬化　など	・肥満 ・動脈硬化 ・心筋梗塞　など	・内臓疲労（肝臓・腎臓） ・カルシウムの排泄促進　など
不足時のリスク	・思考力の低下 ・集中力の低下 ・持久力の低下 ・疲労感　など	・体力の低下 ・生殖機能の低下 ・血管や組織の劣化　など	・筋力の低下 ・筋肉量の減少 ・骨量の減少 ・貧血・免疫力の低下 ・肌荒れ　など
含有量の多い食材	米、小麦、とうもろこし、芋類、果物、砂糖　など ［そば、うどん、パン、麺　など］  	肉（脂身）、魚介類（脂身）、ナッツ類、乳製品、食用油　など  	肉、魚介類、卵、乳製品、大豆　など  

第1のルール【タンパク質摂取】P＝20グラム以上をキープ

筋肉を盛るためには、必ず確保しておきたいタンパク質。**1食あたり20グラムを最低ラインとし、できれば「それ以上」を心がけましょう**。そして、1日あたりで考えると「除脂肪体重1キログラムあたり2～3グラム」のタンパク質が基準なので、除脂肪体重60キログラムの男性であれば「60×2＝120グラム」となります（×2で設定）。

ここで「1食20グラム以上で、1日トータル120グラム」が、簡単な目標として設定できるようになります。

これ以上、複雑になっていくとちょっと……ということでしたら、何も考えず、とにかく**「P＝20グラム以上をキープ」**だけを守っていけば、大丈夫です。

というのも、**タンパク質量を減らしすぎると筋肉は育ちにくくなるので**、そもそものいいカラダに向かう道が閉ざされてしまうからです。また、**Pを一定量保つことで、太りやすい食事を回避**することにもなります。

先ほどの例でいうと「1食20グラム以上で、1日トータル120グラム」を目指すとなると、たとえば、朝30、昼30、夜30グラム、間食で30グラム（15グラム×2回）といった配分が考えられます。もちろん分配比率を変えて、1食あたりのPを40グラムの設定で3食だけで完結させてしまってもいいでしょう。

ただ**注意したいのは、1食あたりの設定を多くしすぎないようにすること。いくら太りにくいタンパク質であっても、余剰分は体脂肪として蓄積されてしまう**可能性があります。ある程度はわけて摂取することが現実的だということにも気づけるはずです。

このあたりのバランスは、生活スタイルにもよるでしょうから、決められた数字のなかで持続可能な方法を探るしかありません。いずれにせよ十分な摂取量になるため、第1のルールを守るだけでも充実した食生活を送れるようになるのではないでしょうか。

さて、なぜ「20グラム」なのか、という理論に触れておきましょう。

簡単にいうと、**1回の摂取量が20グラムに満たないと、より生命維持にかかわる機能にタンパク質が優先的に使われてしまうから**です。

「筋肉を大きく育てる」ことは、生命維持と比較するとプラスアルファの目的に分類されてしまうでしょう。個人的には、生命維持とほぼイコールなのですが……。

実際1日のトータル摂取量を達成するのに、1回20グラム以上で複数回摂取する人と、1回20グラム以下でかなり細分化して摂取する人とでは、前者のほうが筋肉が発達するというデータもあります。**過剰に摂ってしまうと体脂肪に回ってしまうし、だからといって1回量が不十分でも筋肥大には反映されない**。その絶妙なバランスをとるために「20グラム」を基準としているわけなのです。

また、年齢を重ねるにつれてカラダ内部の反応は悪くなります。1回あたり40グラムは必要、というデータもあるくらいですから「20以上」と幅をもたせているわけです。**ひとつの目安として、20～40グラム**というのも覚えておくといいでしょう。

「P20」は、鶏むね肉でいえば100グラムで摂れるでしょう。納豆やブロッコリーなど、そのほかの食品と合わせていけば、1回の食事で「P30～40」は狙えます。

「P40」なら、鶏むね肉でいえば200グラムですから、1食のメインのおかずとしても適しています。こうして数値を食材に変換して食事のイメージを具体化していくと、そこまで無理のない数字なのだな、ということがおわかりいただけるかと思います。

無敵ポイント

まずは「1食＝P20グラム」を厳守して、カラダに合わせ調整すべき

第2のルール［脂質摂取］F＝10グラム、多くて20グラム

三大栄養素のなかで、摂取すると最も太りやすいのがF＝脂質です。77ページの図4の通り1グラムあたり「9キロカロリー」と、ほかふたつと比べて倍以上もありますし、体脂肪に変換されるときのエネルギー損失もほぼありません。

生命維持のためには不可欠なのですが、それほどたくさんの量はいらない。なので、食事においても積極的に摂る必要はありません。

基準をどこにおくのかというと、**1日のトータル摂取カロリーの10〜20％**。ただトータル摂取カロリーをどのくらいに設定するかによって量は変わってきますし、カラダの仕上り具合によっても調整する必要があります。

しかし、ここでもまずシンプルにグラム単位で考えることにします。グラムでいうと**大体1食あたり10〜20グラムとするのが**目安となります（1日3〜6食程度とする）。

このグラム幅で摂っておけば、だいたい1日のトータル摂取カロリーの10〜20％にな

る計算です。いずれにせよ、**10グラムを基準にしたうえで、あとは自分のカラダをどうしたいのかで判断していく**のがちょうどいいでしょう。

除脂肪を強く求めるのなら10グラム程度を徹底すべきですし、ある程度ゆるやかな除脂肪でよいのであれば、20グラム程度と幅をもたせるとよいでしょう。

完全に同じものを毎日食べる人は少ないでしょうから、数日単位、1週間スパンで見ていくと程よい加減に落ち着くはずです。もし、1日のFの摂取カロリーがトータル摂取可能カロリーの20%を超えていたら1食のFの量を見直しましょう。

間食では、基本的に脂質は摂らない方向で考えます。間食でも脂質を摂る場合には、1食あたりの制限を強める必要が出てきます。ただ、毎回ものすごい低脂質の食事というのは難しいです。調理に使わずとも、多少なりとも食材に入ってきますから、やはり10グラム前後を基準とする余裕はもっておきたいです。

それに、間食のほうが脂質は簡単にセーブできます。プロテインパウダーなら何も問題はありませんし、サラダチキンも脂質はほぼ摂らずにすみます。

無敵ポイント

コンビニのサラダチキン(プレーン)のFはわずか1グラム前後

第3のルール【炭水化物摂取】C＝摂取カロリーの55〜65％が目安

残りひとつの炭水化物は、簡単にいえば**トータル摂取カロリーからPとFを抜いて残った分を食べていけばいい**。

ただ、あまり運動をしない人（もしくは、タイミングによって）は、そこまでの量を確保する必要はありません。

ここまでの流れを汲みとると、基本の**設定値は摂取カロリーの55〜65％になるのですが、これもFと同じでトータルカロリーをどのくらいに設定するかによって、大きく変わってくる**ところです。

筋肉はもちろん調子などカラダ全体のことを考えれば、炭水化物は摂るべきです。しかし、タンパク質と脂質と比べたらなくても成り立つ、という見方もあります。だからこそ、糖質をゼロにするダイエットが成立するわけです。

なので、そこまで**決め打ちにしないで、摂取量に幅をもたせておく**。そのうえで、適宜自分のカラダの調子を見ながらどれだけの量を摂るか、考えていくというのを大事にすべきです。

ごはん（白米）茶碗1杯＝約200グラムで、炭水化物は約74グラムです。1日3食で222グラム。これをカロリーに換算すると、888キロカロリーとなります（炭水化物は1グラム＝4キロカロリーのため）。

では、ここで75ページの例をとり、体重75キログラム、体脂肪率20％（体脂肪量15キログラム）、除脂肪体重60キログラムと仮定して、ここまでのPFCバランスを振り返ってみましょう（ここでは3食＋間食1食の1日4食で考えてみます）。

まず、現状維持のために必要な1日のトータル摂取カロリーは、除脂肪体重60キログラム×40をベースに考えると2400キロカロリー。しかし、よりいいカラダを作るために減量をしたいのならば、まずは大体2000キロカロリーで調整を試みたいところです。

毎食、P30グラム（1日の目安は120グラムなので）＝約480キロカロリー、F10グラム前後（4食で40グラム）＝約360キロカロリーです。

これでＰとＦの合計は約８４０キロカロリー。計算すると、炭水化物は、約１１６０キロカロリー分摂れるということになります（約58％）。

ということは、Ｃは約２９０グラム。単純計算で１日に食べられる量は、前述のごはん茶碗（２００グラムとする）約４杯弱分です。

トレーニング量や運動量、生活習慣などによってトータル摂取カロリーを調整する必要はありますが、基本の計算上は、炭水化物は十分に食べることができるのがわかると思います。

このように考えていくと、ハードルも高くなく、案外簡単に取り組めそうではないでしょうか？

無敵ポイント

大切なのは量より「質とバランス」。炭水化物は思いのほか摂ってもＯＫ

図5　1日に摂取する三大栄養素の例

＊除脂肪体重60キログラムの場合（75ページ参照）
＊1日の摂取カロリーは2000キロカロリーに設定する（84ページ参照）

第1のルール　タンパク質（P）

・1日あたり…除脂肪体重×2～3（数値をグラム換算する）

［⇒除脂肪体重60キログラムの場合は、60×2＝120グラムと換算（×2で設定）］

・1食あたり…P＝20グラム以上

［⇒120グラム摂るため、30グラムを4回摂取する仮定］

Pのカロリー…120グラム×4キロカロリー＝480キロカロリー

（1グラム＝4キロカロリーのため）

第2のルール　脂質（F）

・1日あたり…トータル摂取カロリーの10～20%が目安

・1食あたり…10グラムが基準（多くて20グラム）

［⇒10グラムを4回摂取する仮定］

Fのカロリー…40グラム×9キロカロリー＝360キロカロリー

（1グラム＝9キロカロリーのため）

第3のルール　炭水化物（C）

・タンパク質（P）と脂質（F）を除いたカロリー

・摂取カロリーの55～65%が目安

Cのカロリー…2000キロカロリー－480キロカロリー（P）

－360キロカロリー（F）＝1160キロカロリー

1160キロカロリー÷4キロカロリー＝290（グラム）

（1グラム＝4キロカロリーのため）

以上をまとめると、この場合1日に摂取したい三大栄養素の量は以下となる。

- **タンパク質（P）…… 120グラム**
- **脂質（F）………… 40グラム**
- **炭水化物（C）…… 290グラム**

食品パッケージに記されている栄養成分表示を確認して食すべし！

図6 最適なPFCバランスに準じた1日4食のメニュー例（図5の場合）

	摂取量の目安	P（タンパク質）の量	F（脂質）の量	C（炭水化物）の量
朝食		**36.2**	**10.8**	**63**
十六穀米	茶碗1杯（150グラム）	4.9	1.2	54
アジの開き（シャケの塩焼きでもOK）	1枚	19.2	9.6	0.1
脂肪ゼロのギリシャヨーグルト（無糖）	1個（110グラム）	11.7	0	5.1
グレープフルーツ	1/6個（40グラム）	0.4	0	3.8
昼食		**39.1**	**7**	**79.6**
サラダチキン	1包装（110グラム）	25.1	1.7	1.3
おにぎり（梅とシャケ）	2個	8.2	1.1	77.7
ゆで卵	1個	5.8	4.2	0.6
間食（※脂質をほぼ摂らない）		**24.7**	**0.3**	**39.1**
プロテインパウダー	1杯	23.3	0.1	0.1
さつまいも（焼き）	3切れ（100グラム）	1.4	0.2	39
夕食		**37.4**	**14.9**	**94**
鉄火丼	普通盛り	31.6	2.7	87
納豆	1パック（30グラム）	4.5	2.8	3.9
アボカド	0.5個（50グラム）	1.3	9.4	3.1
合計		**137.4**	**33.5**	**275.7**

（単位：グラム）

※各メニューの摂取量、栄養素値は概算であり、イメージ
※「日本食品標準成分表2015年版（七訂）」や市販の商品を参考
※調味料などは含まない計算

カロリー収支の落とし穴アウトカムを、見つめろ！

朝食はパンの人もいるでしょう。ごはん1杯（約200グラム）の炭水化物量約74グラムを基準とするなら6枚切り食パン約2枚（C＝約56グラム）が目安となります。

昼食によく食べるであろうものについても、考えてみましょう。まずは、丼もの。たとえば「すき家」のホームページによると、牛丼並盛の炭水化物総量は104・1グラム。大盛は138・7グラムです。丼めしでごはん1杯分を目指すとなると、ミニ＝69・8グラムが基準。とはいえ、ミニではやはり少ないという方は、よく嚙む、サイドメニューを加える、などの工夫で、栄養バランスと満足感を調整しましょう。

そばは乾麺か生麺か、十割か二八かなどによっても変わってくるのですが、生そばを茹でた状態で、200グラムあたり炭水化物は52グラムです。

スパゲッティは生麺を茹でた状態で、200グラムあたり炭水化物64グラム。炭水化物量については、だいたいそばと同じ感覚で計算できます。また、ラーメンは茹でた麺

200グラムあたり炭水化物約58グラム。スパゲッティもラーメンもタンパク質を確保しにくいうえに、脂質を摂りやすいため、バランスを管理したなかで食べる分には許容できますが、手放しにおすすめすることはできません。

と、ここまでカロリー収支を基本とするPFCバランスについて話を進めてきました。ぜひ次の食事から、PFCバランスの構成を考える作業を始めてください。

最後に、思い出していただきたいのは、**これらはすべて「手段」である**ということです。定めた**数値をどれだけ誠実に守り通したとしても、結局は自分のカラダ作りにプラスに作用していかなければ、すべては意味をなしません**。

大切なのは、体重、実際のサイズ、見た目、ウエストまわりのぜい肉のつまみ具合などなど、アウトカムを見つめること。**目的に近づいていないのならば、潔く手段を見直すこと。変える勇気をもつ者だけが、成功する**世界です。

体重は目安ですが長期的に取り組めば数値は確実に下がっていくはずなので、もしも2週間～1ヶ月体重が変わらない場合は、取り組み方を見直す必要があると思います。

無敵ポイント

選ぶと面倒！　タンパク質を確保しにくい炭水化物

1日2キロの鶏むね肉チャレンジ

1日あたりのタンパク質摂取量の目安は、すでに述べたように、トレーニングをしている人の場合は「除脂肪体重1キログラムあたり2〜3グラム」で算出します。

しかし、実際に**現役で活躍しているボディビルダーたちの話を聞くと、2〜3グラムで調整している選手はほとんどいません**。皆それぞれに2〜3グラム以上に設定し、食事なり、サプリメントなりで摂取しているのです。もしかすると、今なかなか筋肉が増えないなと感じている人は摂取量が足りないのかもしれません。

今まで聞いたなかで、一番多かった摂取量は「1キロあたり5グラム」設定でした。流石に、そこまでいくと相当胃腸が強くないと対応しきれません。それに、そこで積み重ねている努力がすべて筋肉のためになっているのかというと、正直わかりません。

それでも、**ボディビルは「競技」ですから、わからないからといってやらないわけにはいかない**のです。勝つためにできることは、やってみるしかありません。

2017年は、私も**自分の限界値に挑戦するため、1日2キログラム（2000グラム）の鶏むね肉を食べ続けました**（P＝488グラム）。結論を先にいうと、かなり難しかったです。おそらく私の胃腸と筋肉のキャパシティを超えた量だったのでしょう。

1回約300グラム。グラム設定もさることながら、1日に6～7回の食事というのがかなりハードでした。3時間おきに食べるとしても、7回で18時間。起きた瞬間に食べはじめ、寝るギリギリまで食べ続ける。大げさでなく起きているときはほぼずっと、食べ続けているという方法にあえてトライしてみたのです。

なぜ、そのような挑戦をしたのかというと、**パウダーに頼らないタンパク質摂取を経験してみたかった**から。タンパク質を食材から摂るのか、パウダーから摂るのか、というのは、おそらく多くのトレーニーの頭のなかにあるトピックでしょう。

私の場合、パウダーを頻回摂取すると下痢を起こしやすく、本当に吸収できているのか疑問に感じていたということもあります。

そこから「リアルフードだけでまかなえるか」、付随して自分にはどれだけの「食べる力」が備わっているのかということ、また、その食べる力は37歳という年齢であっても伸ばすことができるのかを知りたくなったのです。そのようなことを含めて、**ボディ**

メイクにおいて自分の限界のひとつを知りたいという気持ちも大きかったです。

結局のところ、**食材から摂るのかパウダーから摂るのかという論争に対する答えは、今もまだ出ていませんが、これは人によって異なる**だろうと予想はしています。

私の場合は、タンパク質摂取は「リアルフードとパウダーの併用がいい」ということがわかりました。どのような部分でリアルフードに限界を感じたかというと、1日を終えて寝ようとするとき。胃のなかが圧迫されて寝苦しいのです。

はじめのうちは「強くなるために必要な修行」と思い込むようにしていたのですが、次第に辛さを覚えるようになり、結果、睡眠の質が落ちるという生き物としてのトータルのパフォーマンスを下げることにつながっていきました。

摂取した分だけ成長するならいいですが、多く摂っても成長しないのなら、成長する分の摂取に抑えたほうがいい。**タンパク質は、摂れば摂るほどいいわけではない**のです。

成長に必要な摂取量を探す方法はふたつ。限界値を定めて下げるか、限界がくるまで積み上げるかです。どちらにせよ、限界に挑戦しなければわからないことではあります。

無敵ポイント

誰であろうと、自分の限界値は挑戦してみないとわからない！

長きにわたる「いい食事」が成長を最大化する

1日2キロの鶏むね肉チャレンジを通じて、もうひとつ学んだこと。それは、1回の食事内容をよくよく精査することの大切さです。6～7回も食事のタイミングがあると、食べるものを選ばないと消化が追いつかず、次の食事を食べられなくなってしまいます。消化酵素にも限界値があるのだな、と思わされます。最も避けたいのは、脂質過多のもの。いつまでも胃のなかに残ってしまい、空腹感がおとずれません。

一方で、全員で同じ食事をしていても、一人どんどんカラダが大きくなっていく人がいるように、消化や吸収をする能力が高い人、**大きく成長していくための「地の強さ」**が備わっている人もいます。

ここから思い出されるのが、柔道金メダリストのベイカー茉秋選手です。現在は90キロ級ですが、高校入学時は66キロ級。そこから3年間で3階級アップしているのです。すごいことに変わりありませんが、おそらく66キロ級時代は、**彼の成長のポテンシャ**

ルを、最大化することができていなかっただけだと思っています。毎日、柔道の練習でカラダをたくさん動かしていた割に、食事量が不足していたのでしょう。

実際、ベイカー選手も、はじめの時期にはたくさん食べられるようになるための「食トレ」を取り入れたとのことでした。

レベルは違えど、彼のように、今よりもう少しだけ頑張ればどんどん大きくなる可能性を秘めている人は、実はかなりいるのではないかと予想しています。伸び悩みを実感している若い人は、**運動量を減らして、食事量を増やしてみる**のはいかがでしょうか。

なお、ベイカー選手は、現在も大量の食べ物を時間をかけてゆっくり食べるタイプです。みんなが食べ終わった後も、一人で黙々と食べています。1時間近くかけて食べているので、サプリメントについて話をしたこともありますが、本人の希望でリアルフードを中心に据えて、カラダ作りを続けています。彼を見ていて思うのは、実はカラダ作りにおいて一番大事なのは、長きにわたって自分にとって最適な「いい食事」を続けていくこと。それこそが、成長を最大化してくれるのかもしれない、ということでした。

無敵ポイント

勇気を持って、運動量を減らし、食事量を増やしてみる

サプリメントは、あくまで「栄養補助食品」

しっかりと固形食でバランスのいい食事を摂れていれば、カラダ作りにおける栄養面の問題は、まず起こりません。**サプリメントは、あくまで「栄養補助食品」**。足りないものが見つかったときに、補助する役割にすぎません。

もしも今、**サプリメントに頼らざるを得ない状況にある人は、いったん基本に立ち戻って、もう一度普段の食事を見つめ直しましょう**。

では、なぜサプリメントというものが存在するのかというと、トレーニング直後のように固形物からの消化・吸収がきついときがあるからです。筋肉に血が回っているときに胃腸にものを入れたくはありませんし、実際食欲も湧かない。

それでも栄養補給は怠りたくないから、咀嚼不要で消化吸収スピードも早いサプリメントでの摂取を手段として選べるように存在しているのです。

そのように考えると、トレーニング直後はプロテインのような消化を必要とするサプリメントよりも、**アミノ酸やペプチドのように、消化を要さないサプリメントのほうが理にかなっている**ということに気づきます。

プロテインは準固形食と考えて、溶かす水を少なめに。なるべくドロドロの状態で間食として飲むのが、特性をもっとも活かした摂取方法となります。溶かす水が多いと消化酵素も薄まってしまいますから。

最近では、アスリートにプロテインの使用を制限することも増えてきました。というのも**「プロテインを飲む」ということだけが習慣化されていて、そこに意味を見出さずに飲んでいる場合が多い**からです。

プロテインを飲んでトレーニングが完結するというようなマインドになっていたり、なんとなくおまじない的に飲んでいたり……。成長段階ならそれでもいいのですが、十分成長しているのにただ習慣が抜けていないだけでは、体重階級制のスポーツの場合にはデカくなりすぎた筋肉による減量苦が待ち受けるだけ。

そもそもタンパク質を積極的に摂取するのは、筋肉を育てるためです。現状維持の局面にある場合、もしくは特定の部位に対しては固形食だけで十分だったりするものです。

なお、材料としてタンパク質さえ摂っておけば筋肉は育つのかというと、そういうわけでもありません。**さまざまな栄養素を同時に摂取するからこそ、十分に筋肥大させることができる**。そもそも食事を摂る目的は、筋肉を育てるためだけではありません。「肉だけを食べる」という選択は、ほかに重要なものを欠落させる恐れが出てきます。

となると、**動物1体を丸ごと食べておけば、生き物として機能するために捧げられたものをすべて摂取できる**わけで（余剰分は出てくるかもしれませんが）まず間違いはありません。牛1頭を丸ごと、とはいきませんので、ここは魚で決着を。

魚は、頭の先から尻尾の先まで可食部です。脳の中枢神経から、皮や骨に含まれるミネラル分までもれなく摂れる。環境汚染的な観点から、ぜひがわかれることもありますが、せっかくいただく命です。ありがたく、肉汁を含めてすべてをいただきます。

不慣れな人は、小魚やメザシからでもいいと思います。あとは手に入りやすいイワシやサンマなどもおすすめです。特に、干物だと食べやすいかもしれません。

余談ですが、２０１７年に私のトレーニングパートナーをしてくれていた仲間はアジの開きをわざわざ閉じて、頭から全部丸ごと食べていました。これは完璧ですね。

無敵ポイント　**プロテインは準固形食で間食に。アミノ酸、ペプチドはドリンクでサプリ的に**

サプリメントを選ぶときの基準は「五大栄養素の補強」としてのP・V・M

近年、サプリメント業界はマーケットを広げており、五大栄養素以上に分解した栄養素を販売しています。しかし、それら**単一の栄養素を摂取したところで、どれだけの効果があるか。正直、私のカラダでは実感が得られません**。なので、今は確実に結果に結びついた食材に、時間もお金も費やしたいと思うのです。

生命の歴史が5億年近くあり、人間の歴史が約700万年。そう考えると、**私たちのカラダでは、固形物を噛み砕き胃腸で消化して栄養素を血液にのせるという仕組みが、まだまだデフォルトなはず**です。サプリメントの歴史は数十年。サプリメントのように、吸収の速いものには対応しきれないかもしれないというリスクを無視できません。

先にサプリメントから得られるのは安心感と書きましたが、まずは、固形物から確実に栄養の吸収を促したうえで、サプリメントで補足する。それが私の今のサプリメントに対するスタンスです。考え方は人それぞれですが、私の場合は**「五大栄養素の補強」**

を目的に据えて、その手段として選んでいます。

まずは最も不足しがちなタンパク質＝P。食事をベースにしながらも間食で飲んだり、食事のタイミングがずれそうなとき、いつでも摂れるように準備を欠かしません。

先ほど、プロテインを飲むという行為の習慣化について問題を提起しましたが、一般的なアスリートとは異なり、**ボディビルダーの場合は筋肉をひたすらに大きくし続けることを求めているので、有無をいわさず飲むのが基本**となります。

それから、やはり不足しがちな、ビタミン＝Vとミネラル＝Mもサプリメントで補給していきます。第1章で、野菜や穀物からビタミン・ミネラルを意識的に補給する必要性を述べましたが、それでもサプリメントを摂取するのは、トレーニングで消費することも含めて不足する可能性が残っているからです。

たとえば、同じ野菜であっても、産地（土壌）や育て方、管理方法などにより含まれる養分の濃さは変わります。また、調理の過程で加熱により消えてしまうものも多いためサプリメントを使って十分量摂取できるように、環境を整えているのです。

無敵ポイント

私にとっての三大補強サプリは、タンパク質、ビタミン、ミネラル

代謝にかかわる「水」は第6の栄養素

カラダの60％は水、といわれています。食べ物を摂ることができなくても、水さえあればそれだけで数日間は生きていくことができる。それほどカラダにとって必要不可欠なものと改めて認識しておきましょう。

そして、**水の代謝はとても早い**ということも覚えておいてください。実際に1日、水を飲まないでいると、私は2～3キログラムほど体重が落ちます。それほどまでに、水はかなりの勢いでカラダのなかを巡っているということです。

水分が不足すると、血液が不足します。血液は、栄養素をのせて全身のありとあらゆるところに運ぶインフラであり、不足するとデリバリー効率が下がってしまいます。なかには、水を第6の栄養素に位置づけている人もいます。言葉だけをとって水そのものに栄養があると、勘違いしないでください。**5つの重要な栄養素がカラダのなかでしっかりと働くために下支えしているのは、ほかでもない水である**ということです。

私の場合は、食事と同様、水がそこにあることが当たり前すぎて、その大切さに気づくまでにかなりの時間がかかりました。

ボディビルを始めた当初は、まだ体重ばかりに目を向けて減量をしていたため、減量末期を迎えても、残り1キロがどうしても落ちずに大苦戦を強いられていました。

その状況になって、人生ではじめて水を抜いてみたらあっという間に2キロ減。水の代謝スピードに驚きましたし、水が飲めることのありがたみを知ることができました。

これをきっかけに、ボディメイクにおける水の役割を考えるようになりました。それもあって、この本でも早い段階で「水抜き」(と塩抜き)に触れ、甘んじるなとお伝えしたかったのです。ダメ押し的に一言付け加えるとすれば、**水抜きは限界まで除脂肪したビルダーだけが臨める聖なる儀式**です。方法を少し間違えるだけで、生命維持に影響を与えることもあります。生半可な気持ちで取り組むことは、やめてください。

水は抜きすぎてもダメですし、摂りすぎても仇になります。ダイエットの情報などで、よく「1日2リットル以上の水を飲みましょう」といわれていたりもしますが、過度な摂取は下痢を引き起こします。

特に、トレーニングを熱心にする人はそれだけ汗をかくので補給が必要ですし、代謝を促し筋肥大につなげるためにも、積極的に水分を摂ろうとします。

ジムでも2リットルペットボトルを持ち歩いている人が大半ですし、最近では、海外のトレーニーに影響を受けたであろう2リットル以上もあるウォータータンクを持ち歩いている人も見かけます。いずれにせよ、それを1～2時間のトレーニングで飲み切るとなると、暑熱環境でない限りとても短い時間で体水分量が増えることになります。**プロテインやアミノ酸の摂取量に問題がなかったとしても、過度な水分補給が引き金となって消化不良を起こして、下痢をしてしまうパターンがある**のです。

いかにして適量をとるかというと、私の場合は**便の状態で見極めるしかない**と思っています。下痢とは、水分で腸の内容物を強制排出してしまっている状態。食べた栄養素は腸から体内に取り込まれますが、下痢になっている場合は、正常に取り込めていないことを示唆していると考えましょう。私はトレーニングで少し水を摂りすぎたな、と感じるときには必ず1時間～1時間半後に下痢を起こします。

トレーニングから排泄の時間までにしていることといえば、サプリメントの摂取と食事。しかし、そこでおきる下痢で流れてしまうのは、時間的に考えて直前に摂取したものではなく、トレ前に摂取した分だということがわかります。

全体の栄養バランスや吸収効率など、あれこれ考え想いをのせて準備したトレ前の食事。なのに、よかれと思ってトレーニング中に飲み干した水で、それらをどんどん押し流してしまい、消化吸収の邪魔をしてしまっている可能性が極めて高い……。

だからといって、トレーニング中の水を抑えすぎるのも違います。結局は、便で判断をしながら、適量を探っていくしかないと思うのです。

大量に飲んだとしても、下痢になっていなければ、特に問題ではないわけですから。

ちなみに、トレーニング中の水分摂取量を、少しだけ意識してコントロールしてみたら、トレ後の下痢を防ぐことができました。代謝が早い分、変化も早いです。

こうして改めて考えていくと、水にはカラダをかけ巡る強いパワーがあることに気づかされます。何でもいいから水分を摂る、というよりは、**カラダを作るもののひとつとして、肉や野菜と同じように、なるべく質のいいもの=シンプルな水を取り入れる**ように心がけていきたい。そして、固形物から取り入れた栄養素をのせて全身にめぐらせよう、というのが、私の水に対する考え方です。

無敵ポイント

トレ中の水の摂りすぎで、栄養の吸収を妨げることなんてあってはならない

考えて食べる炭水化物は太らない

先日、結婚式の披露宴に出席をした際、食事として出てきたパンに手を伸ばしたら「それ、絶対食べちゃいけないやつでしょ！」と声をかけられました。

また別の日には、大学の近くでおにぎりを購入しようとしたら「岡田先生、おにぎりなんて食べるんですか？」と聞かれました。

……みなさんは、炭水化物を毒か何かと勘違いしているのでしょうか。毒とまではいかずとも、食べた瞬間、体脂肪となってカラダに張りつくものとでも、思い込んでいるのかもしれません。

はっきりいいます。**考えて食べる炭水化物は、太りません。食事によるコントロールがとてもうまくいった今（２０１８）シーズン、私は１日あたり３００〜４００グラムの炭水化物を摂っていました。**

前述のように、白米に換算すると、茶碗１杯２００グラムのごはんから約74グラムの炭水化物を摂ることができます。

400グラムの炭水化物ということは、茶碗5杯分程度のごはんです。そんなに食べてもいいの!? しかもボディビルの試合に向けた減量期に!? と思いますよね。そう、意外と食べても大丈夫なのです。

炭水化物を悪者視するようになって、久しいです。制限をかけるダイエットも現在進行形で流行っていますし、筋肉作りをする人は炭水化物を一切、摂らないというイメージもだいぶ先行しているように思います。

ここには大きな誤解がふたつあります。

ひとつは、**炭水化物は太る**というもの。何度も繰り返していますが、**減量の進みを左右するのはカロリーの収支です。そこを履き違えていたら何を食べても太りますし、何を制限しても痩せません**。

もちろん減量期に入ったらトータルカロリーの調整のために、炭水化物にも多少の制限をかける必要は出てきます。1日あたり300〜400グラムという私の事例も、増量期と比べたら抑えた数値です。

もうひとつの誤解というのはまさにそこで、筋肉を育てる時期であっても炭水化物は悪く作用する、という思い込みです。

ボディメイクには、**減量期とは反対に「増量期」と呼ばれる筋肉を大きく育てる期間があります。このときは、むしろ炭水化物を攻めるべき**なのです。

今でもボディビルダー、特に若い選手たちは、カラダをできるだけ大きくするためにタンパク質と同時に炭水化物の限界にも攻め入っています。

現チャンピオンの鈴木雅さんも、かつては朝からパン1斤にかじりついたり、3合炊きと6合炊きの炊飯器を2台駆使して、9合分の白米と1パックの卵を食べたりしていた、という逸話をもっています。

そもそもの話になりますが、炭水化物はタンパク質と脂質とともに、カラダのなかでエネルギーとして使われる「三大栄養素」に名を連ねています。そのなかでどれが一番太りやすいのか（体脂肪を増やすのか）というと、名前を見ただけでもわかるように脂質です。

カロリーの観点からも、タンパク質と炭水化物の1グラムあたりのカロリーが4キロカロリーなのに対し、脂質は9キロカロリーと倍以上。比べるまでもなく、太りやすいということがわかるでしょう。

体脂肪に変換されるときの効率に目を向けても、脂質がダントツ。**炭水化物が変換されるときには約30％のエネルギーを使うため、実は脂肪になりにくい**。参考までにタンパク質は、摂取するとすぐに熱を作って使われていくため脂肪に変換されにくく、最も太りにくい栄養素となります。

このように考えていくと、**どうせ悪者扱いをするならば脂質であるはずなのに、なぜか炭水化物のほうが太る、と勘違いされている**のですね（もちろん、脂質もカラダには欠かせませんから、実際には悪者にする必要はありません）。

それから、炭水化物を摂る「タイミング」を考えることができれば、食べて太る恐れはほぼなくなります。

炭水化物は、激しい運動のエネルギーになりやすい糖質をよく含んでいます。なので**摂取のベストタイミングはトレ前の食事**ということになります。

しっかり摂って、心とカラダを満たしたうえで、筋トレのエネルギーとして爆発させるのです。もちろん、トレ後の回復にも炭水化物は有効です。

ただし逆にいえば、1日デスクワークで座りっぱなし、激しい運動もしないのに、一定量の炭水化物を毎食摂り続けていると、体脂肪として蓄積される可能性が高くなります。

だからこそ、多くの人が実践している「これから眠るだけ」という夕飯に限っては、炭水化物をゼロにするという手法が、栄養素のデリバリー先という観点とカロリー収支の観点、そのどちらからも、効いてくるのです。

炭水化物を食べたところで、太りません。

けれど、**これまでの経験から炭水化物で太ったという実感がある人は、自分の活動に対する摂取の量とタイミングが適切ではなかった**ということです。さらに、多くの脂質とともに食べていたのかもしれません。

それからもうひとつ、最後に目を向けていきたいのが炭水化物の「質」です。

次のページで解説します。

無敵ポイント

炭水化物を恐れるな。筋肥大を狙うなら「むしろ」攻めろ！

「質」を選んで、効率的に食物繊維を摂取する

最近の日本人の食生活は、炭水化物過多の傾向にありました。たとえば、男性支持率の高い揚げ物系の丼めしや背脂チャッチャ系のラーメン、女性支持率の高いピザやパスタ……。いずれも炭水化物に脂質をのせたものが多いです。

偏りを指摘し、気づきを促したという意味においては炭水化物制限ダイエットの登場はよかったといえます。ただし、勘違いをしたままでは本質的なボディメイクにはたどり着けません。ここで意識を切り替え、新たな取り組みに着手してもらいたいです。

さて、第1章で、精製されていない穀物には野菜以上にビタミン・ミネラル・食物繊維が含まれていると書きました。そして、**質を選んだ炭水化物は糖質そのものではなく「＋豊富な食物繊維」である**というところまで、お伝えしています。**質を選んだ穀物を食べることは、すなわち豊富な食物繊維を摂取することと同じ**です。食物繊維をしっかり摂ると、体内では糖質と脂質の吸収スピードがゆるやかになり

〝血糖値の爆上がり〟を、抑えられます。食欲が抑えられ無駄な間食がなくなって、無計画な栄養摂取をしなくなる。つまりは、**太りにくい食生活に近づく**ということです。

また、食物繊維には体内に取り込んだ菌が発酵するためのエサとなって、腸内環境を整える働きがあります。私たちにおける栄養素の入り口は、小腸です。その環境が整うことで、吸収効率がよくなってカラダに変化が起こりやすくなります。

私の実体験としては、便通がかなりよくなりました。便通は人体にとって大切な流れのひとつです。そこが改善すると、減量は進むしカラダ全体の調子も上がって、肌ツヤもよくなる。いいことづくめでした。便秘になると、努力に比して減量の成果が得られなくなったという経験もあるので、腸を整えることの重要性を痛感しています。

「質を選ぶ」というのは、たとえば、**白米を玄米に変える**といったところ。玄米といっても精製度合いが異なる「分づき」を選べることもありますし、そばや麦めし、雑穀米、全粒粉のパンやパスタなど上質な穀物の選択肢は、数多くあります。自分が続けやすいものを探って選んで、切り替えてみてください。

無敵ポイント

玄米、雑穀米、麦めし、そば、全粒粉パスタ・パン……穀物の質で勝負しろ

不要な脂は抜いていけ、必要な脂を取りにいけ

脂質についても考えていきましょう。

脂を使った食事は、口当たりが滑らかで、おなかにも溜まるため、食べたことによる満足感を得やすくなります。時々、無性にトンカツやから揚げなどを欲したりするのも、無意識のうちに、その感覚を求めているのかもしれません。

しかし、脂質のカロリーは、タンパク質と炭水化物の2倍以上。摂取するとダイレクトに体脂肪として蓄えられてしまいますし、胃に長く止まって次の食事にも影響をおよぼしがち……。次の食事が食べられない＝筋肉を育てられない＝終わり。

細胞膜やホルモンの材料となるため、なくてはならない栄養素であることはわかっていますが、ボディメイクを進めるうえでは、このような弊害があるのです。**せっかくカラダを作るのなら、必要以上に脂を欲しないカラダにしていきたい**ものです。

認識しておきたいのは、**脂質はあえて摂ろうとしなくても、さまざまな食材を通し**

て、自然とカラダに入ってきているということです。

魚を1匹食べることでも良質な脂質が摂取できますし、納豆を食べれば大豆に、卵を食べれば黄身に、ほかにもアボカドやナッツなど、それぞれに脂質は入っているのです。

そのあたりは必要量の脂という認識で1日に最低1品という目安で摂っていきます。

一般的に「オメガ3脂肪酸」という不飽和脂肪酸が不足しがち、といわれていますが、細かく考えすぎるとストレスの原因になるので、**「肉だけでなく魚も食べていればよし！」といったマイルールを設けて**います。

不要なのは、それ以外の脂質です。たとえば、調理に使う油。揚げものはもちろん、炒める際にフライパンにくっつかないようにするための油なんて、もはや意味がわかりませんし、口当たりをよくするための油も摂らなくていいでしょう。

調味に使う油も排除していい対象ですが、たとえば昼食を食べる時間がなさそうなときには、朝食の野菜にオリーブオイルや亜麻仁油を垂らすなど、**脂質をプラスして消化を遅らせ、空腹をしのぐというテクニック**は知っておいて損はないと思います。

無敵ポイント

脂質に神経質になりすぎるな。良質な油を適度に摂る意識をもて

ここまでの知識を総ざらい！トレーニング前後の食事管理術

ここまでの知識を活用してトレ前後の食事についてのバズーカ的思考をまとめます。

トレーニング前の食事

・第1種目の1レップ目から最終種目の最終レップまで、筋肉をきっちり動かせるようにするためのガソリンとして、炭水化物を補給しておく。

・トレーニングの目的は動かした後の「成長」にあるため、筋肉の材料となるタンパク質もしっかり摂っておく。

・脂質を多く入れてしまうと、胃もたれを起こしてトレーニングの質を下げてしまうため、少なめに設定する。

↓

「高タンパク質・低脂質・中〜高炭水化物」の食事を、開始90分前に食べる。

2時間以上、空けてしまうと空腹感が出てきやすいので、トレ前の食事は開始90分前を目安としています（個人差があるので微調整してください）。

なお、炭水化物の食物繊維が多すぎると消化が遅くなります。だからといって消化が早いものにすると開始時に空腹感が出てきやすいので、食べ合わせなども含めて、トレーニングの集中力、持続力に注意して見極める必要があります。

ここからもわかる通り、トレーニングによって**得られる効果を最大化するために、空腹の状態ではトレーニングをしない**よう心がけています。ただし**動きやすいように胃には多くのものが残っていないけれど、血液や細胞はエネルギー十分、**という状態です。

プロテインなどですましてしまうと、消化スピードが早くてすぐに空腹感が出てきてしまうため、きちんと固形食を摂れるよう準備していきましょう。

ただ、どうしても食事ができないときもあると思います。そういうときには、落ち込んでも無駄ですから思考をポジティブに切り替えて取り組みます。「動物は空腹を感じなければ狩りをしない。飢餓状態こそ、己の本能を呼び覚ますチャンスだ！」とトップビルダーの一人、ジュラシックこと木澤大祐さんもいっています。

たとえば空腹では長い時間のトレーニングはできないでしょうから、ショートインターバルで一気に追い込んで終わる。狩を秒で終わらせる最強の生物を目指す、という発想です。いつ何時も、楽しみながら取り組みましょう。

トレーニング後の食事

・サプリメントを活用した迅速な栄養摂取により、トレーニングで消費した分のエネルギーを取り込んで回復を促す
・空腹を感じはじめない1時間後までを目安に食事を摂ることで、過食を防ぐ
・苦手部位のトレーニング日には、いつもより摂取エネルギー量を多めに設定する

↓終了30分以内にサプリで速攻チャージ！　1時間以内にしっかり食事

参考までに、私は、トレーニング後の食事をおいしく食べたい（量という意味ではなく）ので、トレーニング終了の15分前にプロテインを飲みます。

というのも、残り15分であれば激しく動く種目はまずありませんし（私の場合、ですが）、ここで飲んでおけば、いわゆる「ゴールデンタイム」もほぼ外さずに補給できますし、第一種目で追い込まれておなかをすかせていた筋線維のケアも早くできます。

なおかつ食事がサプリ摂取から約1時間15分後となるので、消化と吸収をほぼ終えて胃腸が食事を迎え入れるに十分な状態を作る時間が稼げるのです。

無敵ポイント
トレ前の食事は90分前に。トレ後30分以内にサプリでチャージ

第 3 章

chapter 3

筋肉を「盛る」、脂肪を「削る」ベスト食材

もはや毎日食べるものに悩むことなどない。
迷うことも、恐れることも、嫌になることもない。
旨くて満足できて継続できる
自分にとってベストな食材は容易に手に入る。
せっかく行うハードな筋トレの質を高めるため、
ノーストレスに食材選びができれば、もう最強。

食材①［大麦］

私の減量を変えた12グラムの「スーパー大麦」

ボディビルを始めて5年。今年出場した大会では3位という成績でした。優勝を狙っていただけに、とても悔しかったですが、それでも今シーズンを振り返ると充実感に満ちています。なぜなら**自分史上、最高の除脂肪を経験することができた**からです。

最高の減量を語るうえで外せないのが**「スーパー大麦」**の存在です。はじめて聞いたという方も多いでしょう。しかし、最近ではスーパー大麦を用いたおにぎりが、大手コンビニで発売されています［↓269ページ参照］。

スーパー大麦の何がすごいって、その糖質と食物繊維の含有率です。白米100グラムあたり、糖質77・1グラム、食物繊維0・5グラムなのに対して、スーパー大麦は**100グラムあたり、糖質48・9グラム、食物繊維22・6グラム**（『スーパー大麦ダイエットレシピ』／永岡書店 参照）。**糖質を抑え、高い食物繊維を実現させた、まさに奇跡の穀物・炭水化物**なのです。

食物繊維には水に溶ける水溶性と、溶けにくい不溶性の2種類があります。水溶性は粘着質で胃腸内に長くとどまるため、空腹を感じにくくなり過食を防いでくれます。不溶性は、胃や腸で水分を吸収して大きく膨らむことで腸を刺激し蠕動運動を活発にします。それが、便通を促進する働きとなるのです。

それぞれに異なる効果があるため、どちらか一方に偏ることなくどちらも摂取することが望ましいのですが、その点、**スーパー大麦に含まれる食物繊維は水溶性も不溶性、どちらの量も多く、食物繊維の量だけでなく質まで優れた食材**なのです。

1日あたりスーパー大麦12グラムの摂取で便通改善効果が見込める、というデータも出ていたので、私はこのスーパー大麦を鶏むね肉にまぶして食べていきました。**炭水化物というよりは、食物繊維として積極的に摂取する**ようにしたのです。

すると、毎年のように悩んでいた減量中の便秘が期待通り改善。むしろ排便回数、排泄量が増えた実感すらありました。

次に、食物繊維を豊富に含むことの利点として、腹もちのよさを感じました。食物繊維は胃のなかで水分を吸収し、かさを増して腸へとゆっくり移動します。そのため消化のスピードがゆるやかになり、空腹を感じることが少なくなるのです。

ハードにトレーニングしていると、それだけでかなりのカロリーを消費します。これまでは、適切なタイミングで栄養を補給してもすぐに空腹を感じてしまい、次の食事が待ち遠しくなってしまう、ということもありました。

しかし、スーパー大麦を摂ると、大げさではなく気がつけば「もう次の食事の時間か」と空腹を覚えることなく過ごすことができました。結果、**無駄なストレスを感じることなく、かつてないほどスムーズに除脂肪することができた**のだと、シーズンを終えた今、改めて感じています。

ボディビルを続けている限り、毎年減量のシーズンがやってきます。同じやり方で除脂肪していると耐性ができてしまい、思うように脂肪が落ちていかないことがあります。

私もこれまで、毎回異なるアプローチで臨んできました。除脂肪のレパートリーをもつことで、困ったときには別の引き出しを開けて、停滞期を乗り越えることができるようになるからです。しかし、今年出会った**穀物から食物繊維をバランスよく十分に摂取するこの方法は今後、ひとつの大きな柱となりそう**な予感がしています。

無敵ポイント

食物繊維は穀物から！　これが最大の発見にして、最強の除脂肪メソッド

食材②［サラダチキンほか］

いまやコンビニは除脂肪食の訓練所である

今から約5年前。ボディメイク業界がざわついたあの日を、今でも覚えています。突然コンビニに姿をあらわし、お惣菜コーナーを席巻したサラダチキンの話です。

1パックにつき、タンパク質は20～30グラム程度。これだけでも最高なのに、脂質と炭水化物はほぼゼロです。出先であれこれ探し回らなくても、**ひとまずサラダチキンさえ手に入ればどうにかなるだろうという、このうえない安心感……**。感動しないほうがおかしいくらいです。日本国民全員が仕上がっていくと感じたものです。

当初はどこもプレーン一択でしたが（あってもハーブ）、人気が高まるにつれて各社がこぞってフレーバーを展開しました。ハーブ&スパイス、スモーク、ペッパー&ガーリック、タンドリーチキン、ゆずこしょう、梅。今では、充実のラインナップとなっています。

「サラダサーモン」なる派生品も登場し、惣菜コーナーには焼きサバが真空パックされたもの、そのまま食べられる枝豆、昔から定番のゆで卵など、余計なことはせず、素材を活かした調理法の優秀な食品たちが、所狭しと並んでいます。

コンビニでタンパク質源を制すれば、それだけボディメイクができてしまいそうな勢いです。なんていい時代なのでしょうか【↓268〜271ページ参照】。

タンパク質源だけでなく、炭水化物もバッチリです。というのも、今年私が大いにハマり、恩恵を受けまくったスーパー大麦入りのおにぎりや弁当が多数登場したからです。なかでも震えたのは、**スーパー大麦入りのごはんの上にほぐしたサバをのせた弁当**。糖質、食物繊維、タンパク質、良質な脂質。すべてまかなえる最強の1品です。

かつてはボディメイクに絶対NGといわれたコンビニですが、健康・フィットネスブームにのって、次々と素晴らしい商品が登場しています。本当に侮れません……。

保存料などの添加物を気にすれば、もちろん自炊のほうが安心感はありますが、時間がない、自炊が億劫という人たちの力強すぎる味方となっています。

それ以外に、私がコンビニを使える！　と思う理由は、**商品の裏にはPもFもCもカロリーも、すべて明記されている**という点です。ありがたいことこのうえありません。

ぜひやってほしいのは、裏面をチラ見しながら**コンビニでオリジナルの献立を作る**ということ。サラダと焼きサバとブランパン、スティック野菜とスーパー大麦のまぜごはんと鶏団子スープ……といった具合に、単品を組み合わせて食事のメニューをコーディネートするのです。

なぜかというと、**裏面の食品表示を確認しながら商品を選んでいくという行為をしばらく続けていくと、自然とPFCバランスの整え方が身につく**からです。

鶏むね肉にタンパク質がどの程度含まれているか、おにぎりやブランパンの炭水化物がどのくらいかを把握できるようになりますし、たとえば脂質を10グラム以下に抑えるためには、どのおかずを選べばいいのかもわかるようになります。

サラダにはドレッシングが必要だと思い込んでいた場合にも、バランスをとるためにサラダチキンの塩気で食べるなどの工夫ができるようになります。

慣れてきたら、クイズ形式も楽しいです。商品を手にもち、裏面を見る前に自分の予想を唱えます。正解するとちょっとうれしいし、不正解でも学びになる。

もはや、**コンビニは除脂肪食の訓練所**です。たっぷり利用していきましょう。

無敵ポイント

コンビニ版「勝手にサバサンド」の作り方は271ページへ

食材③［そば＋α］

そば屋しかないからとあきらめるのは、まだ早い

コンビニの利点として、あともうひとつ取り上げたいのが、F1レースでいうところの「ピット」的な扱いができる点です。

PFCバランスを意識しはじめると、途端に外食が難しくなります。なぜなら、特にランチの需要があるような店では、どこもC重視のメニューが多いからです。

それで挫折しかける人が時々いるのですが、もしも**そこにそば屋しかないのであれば、まずはそばをおいしくいただけばいい**と思います。そのうえで、タンパク質が足りないところを補填するために、**近くのコンビニでサラダチキンを手に入れて、後から食せば、何の問題もありません**。

すべての栄養素は、同じ御膳の上から同時摂取しなくてはならない、なんていうルールは誰が決めたのでしょうか。もちろん、同時に食べてしまいたい気持ちはとてもよく

わかりますが、それがどうにも無理だというならば、あきらめるしかありません。

「あきらめる」といっても、**挫折するのではなくて、割り切る**のです。食事を2回にわけて、カーボの後からプロテインを摂取する。それしか方法がないのだから、そうしてバランスをとっていきましょう。

最近ではコンビニのイートインスペースが大充実しています。店舗によっては、飲食店並みの座席が用意されたりしています。以前は買ったその場ですぐに食べたいと思っても、店の影に隠れてかぶりつくことしかできなかったのに……。

また外食時、多くなりがちな炭水化物のなかから何を選ぶかの参考は第2章でも触れました。私は、玄米や雑穀米が主食の魚系の定食をおすすめします。

ただ、どうしても**それが難しいときには、パスタと比べて低脂質、うどんと比べて食後の血糖値の上昇がゆるやかな「そば」を選ぶべき**でしょう。

トッピングが選べるのなら卵以外にも、ほかではあまり食べる機会の少ない鴨やニシン、そして山菜、ミネラル摂取のためにはわかめなどの海藻もおすすめです。

無敵ポイント
食事でタンパク質をカバーできないときは、別途直後にプラスオン

食材④［サバ缶・ツナ缶］

サラダチキン世代に届け！サバ缶・ツナ缶のすすめ

サラダチキンの威力に押され、かつてのスター選手だったサバ缶・ツナ缶の存在感が薄れつつあります。もしも今、肉ばかりに偏り気味という自覚があるならば、魚のよさを実感するために手にとってみてほしいです。

特にサバ缶は、**サバの身をブツ切りにして塩と水と一緒に缶に詰めてから加熱処理をするため、成分が一切逃げない**のです。酸素のない状態で加熱をするから、通常酸化されてよさを失ってしまうオメガ3をしっかり摂ることができる、とのこと。

骨までやわらかく仕上がるため、皮も身も骨もすべて食べることができます。**成分が流れ出た汁は飲んでもいいいし、炊き込みごはんにする**という手もあります。さらに、ごはんに**スーパー大麦を混ぜ込めば、それだけで仕上がる最強ボディメイク飯の完成**です［➔260〜261ページ参照］。

紹介するのが遅れましたが、タンパク質の含有量も多いです。**サラダチキンは1パックあたり20〜30グラム程度なのに対し、サバ缶（200グラム）は25〜30グラム程度。**脂質も多いですが、そこは良質な脂質を摂る目的で選べば問題ありません。サイズが大きすぎず身が柔らかいので、食べやすさの面からもおすすめです。水煮だけでなく味噌煮や醤油煮もありますから、飽きのこない工夫もしやすいです。

また常温保存なので、パックのごはんとサバ缶を常備しておけば、どんなときでも取り乱すことなく食事ができます。私の研究室には大量に備蓄されています。

ツナ缶にも触れておきましょう。サイズが小さい（70グラム程度）ということもあり、1缶あたりのタンパク質は約10グラムと、特別多くはありません。しかし、**ノンオイル缶であれば脂質はほぼゼロ。噛む手間も少ないので、食べ疲れも起こしません。**クセが少なくほかの食材との食べ合わせもいいです。

缶2、3個分玄米にのせて塩こしょうをしたり、ライスケーキにのせて塩こしょうをかけたりして［↓262〜263ページ参照］、おいしくいただいています。

無敵ポイント
サラダチキン・サバ缶・ツナ缶で巧みにタンパク質チャージ！

食材⑤［鶏むね肉］

鶏むね肉がボディメイクにとって「最強の食材」である所以

サラダチキンもサバ缶もいいのですが、ボディメイクのための食事といえば、やっぱり鶏肉です。なかでも「最強の食材」との呼び声が高いのが、むね肉です。

どうして「最強」なのかというと、まずは**価格が安定して安い**から。長期的に取り組むことを考えたら、これは重要な要素です。国内どこで購入しても、地域ごとの相場はあれど、肉類のなかではダントツで安いのが鶏むね肉の大きな魅力のひとつです。

そして、**タンパク質の含有量が多い**。100グラムあたり24・4グラムのタンパク質が摂取できます。そのうえ、皮以外の**脂質含有量がほぼゼロに等しい**ため、食事における**タンパク質の確保と脂質の管理がとてもしやすい**食材なのです。

加熱をすると、食感がパサつくという難点がありますが、パサつきを抑える調理法はいくらでも存在します。それらの手法を用いれば、特に問題視する必要はありません。

高タンパク質低脂質という意味では牛の赤身肉もいいのですが、どちらの含有量も鶏むね肉には劣ります。なのに、価格は2倍以上……。

手頃な価格を求めようとすると、牛は輸入ものが多くなります。外国産がいけないというわけではありませんが、実際のところ「国産」に安心感を求める人は多いです。**コスパの面でも、安心安全の面でも、やはり鶏むね肉に軍配が上がります**。

調理をする際は、脂質の摂取量をコントロールするために皮を剥ぎます。鶏むね肉のミンチには皮が入っていることが多いので、購入時、オーダーができるのなら**「皮なし」でお願いすること**。難しければ塊肉を購入し、自宅で剥いでミンチにしましょう。ただ、手間がかかるので、しばらく続けているうちに、塊肉のまま調理をするのが基本になると思います。かくいう私が、そうでした。

日本では元来「もも肉」が好まれる傾向にありました。しかし、コンビニにサラダチキンが登場したあたりから、鶏むね肉のポテンシャルに注目が集まり、今や**人気と実力とを兼ね備えた、ボディメイク界のスーパースター食材**へと急成長を遂げています。

無敵ポイント

タンパク質量、コスパ、安心安全。すべての面で愛される「無敵の鶏むね肉」

食材⑥［ささみ肉］

調理のしやすさ、という面で「ささみ肉」も見逃せない

鶏むね肉が高く評価され、支持されている理由はまだあります。

ひとつは、**抗疲労効果や抗酸化作用が高いとされる成分「イミダペプチド（イミダゾールジペプチド）」が豊富に含まれている**という点。もうひとつ、忘れてならないのは**アミノ酸スコアが100**という点です。

タンパク質は、体内で消化される過程で「ペプチド」と「アミノ酸」とに分解されます。私たちのカラダには、食事から摂らなければならないアミノ酸が9種類あるのですが、それを「必須アミノ酸」と呼んでいます。

カラダには理想的な「必須アミノ酸量」があり、食品に含まれている必須アミノ酸が、理想量と比べてどれくらいの割合で入っているかを示すのがアミノ酸スコアです。

それが100ということは、**9種すべての必須アミノ酸の必要量を満たしている**とい

うこと。このような観点からも鶏むね肉はかなり良質なタンパク源だといえます。

ところで「ささみ」という単独の名前がついているため、案外知らない人も多いのですが、**ささみ肉も「鶏むね肉」の仲間**です。いわゆる「むね肉」は大胸筋で、「ささみ」は小胸筋なのです。

ボディビルダーの食事といえば「鶏のささみ肉」と「ブロッコリー」とよくいわれていました。ところが現在は、鶏むね肉の台頭があったからか、さほど話題にあがらなくなってきているように感じます。

むね肉に比べると、ささみはサイズが小さくて、噛みごたえに欠けます。減量中であっても「たくさん食べた感」が欲しい人にとっては、ある程度の量を準備しないと物足りなさを感じるかもしれません。

ただ、それも見方を変えれば、**柔らかくて食べやすい**ということになります。**皮もなく、形状も長細いため、包丁を用いることなくそのまま調理が可能**です。

小鍋で茹でてもいいですし、それすら面倒なときには、少量の酒とともに容器に入れて、ラップをかけてレンジに数分かければ、立派な酒蒸しとなります。皮がない代わりにスジはありますが、調理してから外すこともできますし、多少値は上がりますが、処理済みのものを売っている場合もあります。
むね肉が最強であること、ささみも悪くないということ、そして特に触れてはいませんが、タンパク質も摂れるブロッコリーを私たちは愛しているということ。すべて真実ですが、ボディビルダーはそればかり食べているとか、それだけにしないとカラダは絞れないとかといった、**厳しい減量イメージは払拭していきたい**など常々、思っています。

鶏むね肉と鶏ささみ肉

鶏むね肉

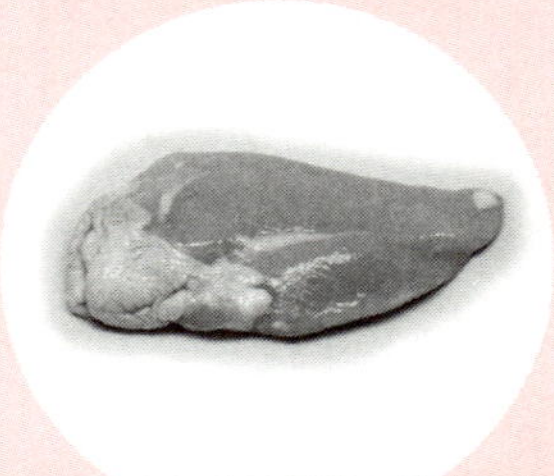

やはり鶏むね肉は最強の筋トレ食材。アミノ酸スコアも100。食べごたえの満足度が高いのも大事。※写真は皮つき

鶏ささみ肉

鶏むねより価格はやや高めだが、高タンパク質低脂質の代表的な食材のひとつ。調理のしやすさが利点。

むね肉に限らず、鶏ならもも肉もいただきますし、牛の赤身や時々豚肉、ラム肉なども選びます。魚にすることも、よくあります。

基準は「高タンパク質低脂質」なのですが、たとえば、昼食の脂質がやや多めだったとしても、1日単位で見たときに低脂質になっていれば、大きな問題にはなりません。**「どこまでの範囲で食事のバランスをとるのか」**、というのは大事なポイントとなるかもしれません。先ほどの話では24時間内でPFCバランスをとるという考えになります。細かなコントロールがわかれ道になるビルダーは、最も短いスパンであるトレーニング前の食事、トレーニング後の食事というように、毎食バランスをとりにいきます。

一般の方であれば**3日間、1週間でもいいと思います。枠を定めて、その間で調整をする**。そう考えると、だいぶ気持ちがラクになってくるのではないでしょうか。

というのも私自身が、そのような考え方で救われた経験があるからです。

私には、二人の子どもがいます。下の子が生まれたのは今から3年前。ちょうど大会に向けて減量を始めた時期でした。生まれてすぐ重大な疾患があることがわかり、オペをすることに。そのときの私は、絶対に助かるだろうと強く信じていましたし、家長として皆を支える存在でいなくては……と自分を奮い立たせようとしていました。

しかし、オペに入るまで10時間の待機を強いられ、さらに手術で10時間。**コンディションは崩れる一方**。その状況から、もうひとつの大切な人生の軸であるボディビルに取り組むのも、もはや難しいか……と、あきらめかけました。

ふと病院内のコンビニに足を踏み入れたら、なんとサラダチキンをブランパンで挟んだサンドウィッチがあったのです。光が差し込み「これならまだ、いけるかもしれない」―と購入。私が息子の立場だったら、将来、父親が頑張っていることを自分の病気のせいでストップさせてしまったと、思ってしまいます。そう思わせないためにも、家族と相談をしたのち、心を奮い立たせて近くのジムへと向かいました。すべてに感謝をしながら引いたラットプルダウンは、いつもの10レップスを超えて12レップスを記録！　そして**崩れかけたサイクルを、2日のスパンで取り戻すことができたの**です。

トレーニング効果で不眠も解消。そして、メンタル安定。家族の空気も引き上げて、息子も家族も笑顔で迎え入れることができました。

家族全員で落ち込んでいたら、悪循環に入りますが、誰かが元気なら、それはストップできる。そう考えています。息子は、今ではまったく問題はなくなり、元気に「成長」という名の超速バルクアップを遂げ続けています。

無敵ポイント
ささみも「鶏むね肉」の一種。皮もなく調理しやすく、慣れれば強い味方に

「アミノ酸スコア」は、いろいろ食べて100にする

必須アミノ酸に話がおよびましたので、追記しておきましょう。**アミノ酸は、筋肉の材料**となるもので、動物の筋肉に多く含まれています。だからこそ筋肥大を狙う人は、鶏むね肉のような動物性タンパク質を積極的に食べる必要があります。

ただ、動物によっては、私たち人間とは異なる組み合わせのアミノ酸でできているものもいるため、偏りや不足を起こさないように「アミノ酸スコア」という点数で、表示するようになっているのです。**満点は、スコア100**。

人間のカラダにとって、必要なアミノ酸が網羅されているということです。鶏むね肉以外にも、牛肉、豚肉、アジ、シャケ、カツオ、牛乳、卵、ヨーグルト、納豆、豆腐など普段、よく口にしているこれらの食材はいずれもスコア100です。

だからといって、100以外のものを食べてはダメなのかというと、そんなことはありません。**アミノ酸スコアは、いろいろな食材がもち合わせている数字を合わせて10**

0にすればいいのです。

アミノ酸自体は、米にも野菜にも果物にも入っていますから、さまざまな食材をバランスよく食べていけば、それぞれのスコアを知らなくても、何だかんだで100に達しているものです。いろいろ食べて100にする、という仕組みにおいて「よくできているな」と感心したのが、**食べ合わせがいいものとの一致度が高い**ということです。

大豆製品は穀物に不足しがちなリジンと呼ばれるアミノ酸をよく含みます。なので、米と一緒に味噌汁を飲むことで補完されます。

さらにいうと、大豆にはメチオニンというアミノ酸が少ないため、味噌汁の出汁を鰹節でとることで補完され、バランスがさらによくなるというのです。

また同じスコア100であっても、それぞれのアミノ酸の配分は異なりますから、ここでも結局は、**いろいろなものをバランスよく食べることに尽きる**、というわけです。

しかし十分量に達するためには、タンパク質を多く含む食品を摂る必要があることを忘れてはいけません。

無敵ポイント

アミノ酸スコア100の食材＝良質なタンパク源

鶏むね肉セットを彩るお気に入りの野菜たち

さて、愛すべき鶏むね肉に話を戻しましょう。私は昨年から、自作弁当を持ち歩いていますが、鶏むね肉とともにいくつかの野菜を添えています。【↓258〜259ページ参照】レギュラーメンバーは、安価で量を増すことができるもやし、最強野菜のブロッコリー、もはやフルーツのパプリカです。そこに、風味豊かなきのこ類や優しい甘みがうれしい玉ねぎ、苦味がアクセントにもなるピーマンなどを時々プラスして、**飽きのこないようおいしく食べられる工夫**を凝らしています。

ビタミンやミネラルの摂取をベースにしながら、玉ねぎには男性ホルモンの減退を防ぐ効果、ブロッコリーには女性ホルモンの作用を抑える効果、パプリカには抗酸化作用を狙っていないわけではありませんが、第一の目的は鶏むね肉をおいしく食べることなので、決め手はほぼ野菜の味です。**食物繊維をスーパー大麦に求めるようになってからは、野菜には味とビタミンを求めている**ので、そのときの気分で選ぶようにしています。

それにしても、**ここまで野菜に味を求められるようになったのは「いい舌」を作るアプローチを続けてきたからこそ。**おそらくボディビル黎明期の私では、肉と一緒に焼いただけの野菜を食べることは、思いつきもしなかったでしょう。今では、歯ごたえを残しながら焼いた野菜それぞれがもつ味を、肉の調味料代わりとして楽しんでいます。

そういえば、素材の味に敏感になって気づいたことのひとつに、**カラダに本当に必要なもの以外を口にしても「おいしい」と感じなくなった**こと、があります。カラダに不要なものを欲しない舌になったということですから、これは、本当に大きな変化です。

愛すべき三大野菜

もやし

かさ増しもできる、主食みたいなもの。

ブロッコリー

おいしく茹でる方法は265ページへ。

パプリカ

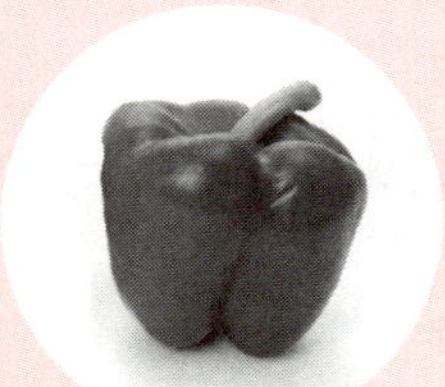

赤黄、どちらも好き。もはや、フルーツ！

無敵ポイント

鶏むね肉の旨さを引き立てる野菜に出会えたら、勝ち

食材⑦［グレープフルーツ、時々パイナップル］

朝食、そして間食にグレープフルーツは減量期の救世主

味覚が鋭さを増し、カラダに不要なものはおいしいと感じなくなった、とはいっても**減量期間中、ふと「甘み」を欲する瞬間**はあります。

そのようなときの**救世主は、やはり果物。もしくは秋冬であればサツマイモ**です。

果物といえば「果物の果糖は太る」ということを耳にしたことがあると思います。つい先日も、取材の際「果糖は、食べたらすぐに体脂肪になると聞いたのですが……」といわれ驚いたばかりです。「果糖で太る」説は、いってみれば「炭水化物で太る」説とほぼ同じ。入り口は勘違い、結果はトータルバランスが崩れてしまっただけです。

私自身、果物はよく食べています。特に柑橘系が好きで、**主力はグレープフルーツ。**朝、炭水化物の一環としてグレープフルーツを食べるのですが、野菜に感動を覚えたときと同様、その瑞々しさと甘さからかなり満たされた気持ちになります。

数あるフルーツのなかからグレープフルーツを選ぶのは、個人的な味の好みもありますが、ビタミン摂取のほかに、**交感神経の活動を高めて脂肪燃焼を促進し、カラダを太りにくい状態に導いてくれる効果があるから**です。また、口に入れたときに感じる苦み成分とフレッシュな香りには食欲抑制効果があるともいわれています。

グループフルーツを用いた実験はいくつかあるのですが、そのなかに通常の食事にプラスしてグレープフルーツを食べたグループは、食べなかったグループよりも平均して1～2キログラム痩せたというものがありました。通常の食事にプラスオンしてカロリーをのせているというのに、体重が落ちるという結果が出ているのです。

もちろん、その効果に頼りたくて食べているわけではありません。純粋に甘さ、おいしさ、そして幸福感を求めて食べているだけなのですが、**確実に除脂肪を進めていくそのほかの食事効果にグレープフルーツの効果ものってくるのなら、ウエルカム**です。

なお、減量末期には、水分補給としてもグレープフルーツをいただきます。ほぼ毎日食べるなかで、ある日、ふと「フロリダ産」という産地シールが目に入りました。「私は今、日本にいながら遠くフロリダの大地のめぐみに生かされているのか」と気づいた瞬間でした。すべてに感謝ですね。

果物のなかで食べる次点は、パイナップルです。最近では、コンビニでカットフルーツとして売られているので比較的、手に入りやすいです。

酸味が特徴ではありますが、意識して食べてみると結構、甘みも強いです。なので、自分のなかではもはやエンタメ食的なポジションにおかれています。

エンタメといえば……。私は、間食として**脂肪ゼロの無糖のギリシャヨーグルト**を食べることが多く、大学の研究室の冷蔵庫にも常にストックしています。通常のヨーグルトと比べて、含まれるタンパク質が2倍以上。1個で10グラム以上摂取でき、完璧です。

そのヨーグルトに、パイナップルを混ぜ入れるだけで、どのようなスイーツをも凌駕する究極の1品が完成します【→267ページ参照】。何が究極なのかというと、おいしさだけではなく、両者を合わせた時点で、ヨーグルトのタンパク質をパイナップルに含まれる酵素が分解しはじめるからです。口に入れる前から消化が始まっている食べ物って、一体何だ⁉　という高揚感も含めてエンタメ感が強いメニューです。通常はグレープフルーツをのせて、時々パイナップルという選択肢をとっています。

無敵ポイント

甘味は「無糖の脂肪ゼロギリシャヨーグルト×グレープフルーツ」が鉄板

食材⑧［団子］

野菜と果物以外の甘味なら和菓子を選ぶべし

男女を問わず「甘いもの」が好きな人は、多くいます。また、自分では買わないけれど職場などでお菓子をいただく、という人も多いです。

私の場合は、ボディビルをしていることが知れ渡っているので、こうした機会はかなり減りましたが、聞くところによると「特に、大型連休明けと年始の時期は危険。デスクの端が、お菓子で埋まる」こともあるそうですね。

ボディメイクをする以上、甘いものは控えるに越したことはありません。しかし、我慢ばかりではストレスが溜まりますし、いただきものを無下に断るのもはばかられます。

そういったとき、どうしたらいいですか？　と聞かれることもあるのですが、判断基準としてお伝えしているのは**「和菓子なら食べてもＯＫ」**です。

たとえば、**団子**。団子はもち米からできていますから、米を食べているのと同じです。

そこにあんこがついてくれれば、砂糖と少量の塩は入りますが小豆の栄養価がプラスされますし、ずんだ餡なら枝豆（大豆）です。大量ではありませんが、豆類がもつ食物繊維およびタンパク質が加わります。**いずれも、脂質はほとんど含まれません。**

ビルダーの間でも、**トレーニング前の栄養補給として、手頃で食べやすい串団子を活用している人を見かけます（通称：プレワークアウト団子）**［↓266ページ参照］。あとは羊羹をポケットに忍ばせている人もいます。4時間など長い時間トレーニングを行うときは、途中でパクッと食べて栄養補給をしています。

もちろん、ギリギリのところまで追い込みをかける減量末期に食べることはありませんが、私自身も時期を選んで買いに行くことがあります。

先日、お気に入りの串団子を求めに和菓子屋さんを訪れたら、なかにいた店主が私に気づき「先生、団子を食べても大丈夫なんですか？」と声をかけてくださいました。

こんなにもったいないことはない！　と思い「ていねいに作られている和菓子は、カラダ作りにいいんですよ」とお伝えしました。

無敵ポイント
脂質がほぼない和菓子ならOK。シンプルな材料で作られているものを選ぶ

食材⑨［サツマイモ］

食欲が爆発してしまうのは「選んだ我慢」が合わないだけ

特に秋・冬で甘味を欲するときによく食べるのは、サツマイモです。一時期、オーブントースターに転がして焼き芋を作った時期もありました。

それだけなのに**とにかく甘くて、おいしすぎる。なのに、カラダへの負担は少なくて、それどころか食物繊維もバッチリ摂れる**。これも最高のスイーツです。

夜のうちにセットして、朝食に炭水化物として食べることが多かったのですが、**ちょうどよく冷えた焼き芋は、もはやスイートポテト**です。

焼く以外には蒸してもいいし、干し芋を購入してもいい。持ち歩きもしやすいので、出先での炭水化物補給にもちょうどいい。今は鶏むね肉とスーパー大麦と焼き野菜の自作弁当にゾッコンなので、芋も果物もそこまで欲していませんが、**炭水化物の補給にそのようなエンタメ食をプラスしていくと、爆発的な過食を防ぐことにもつながります**。

1日のなかでも、長期にわたっても、**食べたい欲を無理に抑え続けると、「爆発」を起こして過食に走ってしまいます**。「痩せたいなら、多少の我慢は必要」というような言葉を、正面から信じ込んでしまうと、無理をしがちです。それよりも**「必要なのは、定期的なガス抜き」**と覚えておくといいでしょう。

ガス抜きの方法はさまざまですが、食事面の工夫として私の経験からおすすめできるのが、果物とサツマイモを使って炭水化物をエンタメ食に変える工夫であり、ギリシャヨーグルトを用いた、プロテインパウダー以外の肉体改造向け間食術であるのです。

ちなみに、本当に「痩せたいなら、多少の我慢は必要」なのかというと、実際はそこまで必要ではないと思っています。というのも、**人によって何を「我慢」と感じるかは、異なる**からです。自分にとってすごく我慢をしていると感じない取り組みで痩せる方法を模索するのです。食に興味がない人は、食事に制限がかかっても苦痛には感じません。運動が好きな人は、カラダを動かすことがむしろ楽しいと感じます。

自分自身を振り返ると、やはりたくさんカラダを動かすという行為を苦しく感じたことはありませんでした。なので、日常的に運動をする、計画的にトレーニングをする、ということに対して頑張っている感や我慢感は一切ないのです。むしろ、楽しんで取り組むことができています。

さまざまな場で「よくそんなにストイックにできるね」と、声をかけていただきます。それが食事であれば、たとえば「揚げ物とか食べたくならないの？」というような問いに変わることも多々あります。でも、私にとっては、**そこで周囲の空気に押されて食べてしまうことのほうが、むしろ「我慢」に感じてしまう**のです。

おそらく**肉体を変えていく過程で、脳内の報酬体系が変わってきている**のでしょう。「おいしい」と感じる一瞬の喜びよりも、時間と労力を積み重ねてもっといいカラダを作り上げる喜びのほうを、私は強く求めています。その過程にあるものには、辛さや我慢は感じないのです。大会に出る、勝つというのであれば、かなり我慢が必要ですが（しかしなるべくそれが少なくてすむ努力・探究を怠らない）、日常のなかでいいカラダを作るという目的であれば、そこまでの我慢は不要だと考えています。

行き着くところは選んだ取り組みが自分に合っていれば、そこに我慢は生まれないということ。続かないのは、その方法が合っていないからです。

無敵ポイント
本書が自分に合う「道」を見出す「きっかけ」になれば、これ以上の幸せはない

肉体改造における間食のあり方

プロテインサプリメントの活用や脂肪ゼロのギリシャヨーグルト＋パイナップルなど、具体的な手法はすでにお伝えしています。ここでは、肉体改造を前提としたときの「間食」に対する考え方を整えていきたいと思います。

通常「間食」というと、小腹を満たすためのものという認識が強いと思います。もちろんそれも目的のひとつではありますが、**私たちにとっての間食は、それよりも成長段階にある筋肉の発達をサポートする（アナボリックを加速）、あるいは成長を遂げた筋肉が衰えていくのを防ぐ（カタボリックを止める）ための計画的な栄養補給**なのです。

どちらの願いも叶えるために、ここで取り入れたい栄養素はタンパク質です。朝・昼・夜の3食を基本とするために、便宜上「間食」という言葉を使ってはいますが、極めて食事に近い存在であると思ってください。

ボディビルダーなどで「1日5〜7食」という人があらわれるのは、間食を食事の一環としてとらえているからです。

ただしここには、ちょっとした罠が潜んでいます。言葉をそのまま受け取ると「1日に5〜7回、バランスのよい食事を摂る」という意味になってしまいますが、お察しの通り、それでは摂取エネルギーが過剰。続けていたら、太る一方です。

正しい解釈は**「1日に必要なエネルギーを、5〜7回にわけて摂る」**ということ。

1日に必要なエネルギー量は、これもまた個人によるところが大きいです。まずは、第2章に示した「基本のPFCバランス」と「3つのルール」を考えながら自分の数値を出しましょう。

そこからタンパク質量を算出して、朝・昼・夜の3回の食事と朝と昼の間食、それから昼と夜の間食（必要であれば朝の前と夜の後にも間食を）の分量をそれぞれ割り出します。

可能であれば、そのなかでプロテインパウダーを使用するのは、トレーニング直後の1回程度に抑えておきましょう。そのときは、前述の通り吸収効率を考えて水は少なめにしておきます。

無敵ポイント **仕上げるには「朝→間食→昼→間食→晩」。2回の間食でタンパク質を摂取**

取り返せる範囲において減量中でも、酒は嗜む

意外に思われることも多いのですが、私はお酒を飲みます。常識的に、もう絞りが間に合わないな、という時期には控えますが、**減量中であっても大会1ヶ月くらい前までの取り返しが利く期間であれば、質と量をコントロールしながら飲んでいます**。

酒は水分なので、飲めば下痢を引き起こしやすくなります。肉体改造のことだけを考えれば、調子も狂うし、飲まないに越したことはないのかもしれません。

ですが、私は**人生をトータルで考えています**。ひたすら自分の筋肉とだけ向き合う時間も、気の合う仲間たちや新たな出会いの場で酒を交わす時間も大切にしたい。それが心を豊かにしたり、新たな考え方を取り入れたりすることにつながり、結果筋肉にもよいと改めて感じています。

トレーニングはしたいし、当然筋肉も欲しい。しかしそれ以外の場面も全力で楽しみ、筋肉にもつなげたいのです。人間は社会的な動物ですから、人とのお付き合いに時

間を割くことも、やはり大切になってきます。いろいろな方からの応援、支援があるのとないのとでは、ここぞというときに湧き出てくる心の力が違ってくると信じています。

酒を選ぶときは、**焼酎やウイスキーなどの蒸留酒**と決めています。基本はハイボールを頼むことが多いです。「とりあえず」で頼みがちなビールや、ワイン、カクテル、日本酒は、できる限り避けるようにしています。

もうひとつ、飲みの場で気をつけたいのは、酒の種類以上につまみの質です。**つまみをオーダーするときは、誰かに一任するのではなく積極的にメニューを開いて「高タンパク質低脂質」**を狙いにいきましょう。

通常の居酒屋であれば、刺身、焼き魚（ホッケ、イワシ、ししゃも）、焼き鳥の塩（若鶏もも、ささみ、ネギマ）、ローストビーフ、エイヒレ、枝豆、豆腐。

このあたりなら同席者の反感も買わず、それでいてボディメイクにさほど影響を残さず、楽しめるでしょう。ここでもついつい「とりあえず」で頼みがちな、ポテトフライ、から揚げなどの揚げ物には手をつけないのがベターです。

無敵ポイント
お酒は焼酎やウイスキーなど蒸留酒、一択。焼き鳥系は「皮なし」をチョイス

図7 高タンパク質低脂質のおつまみ系メニュー

クロマグロ（赤身）の刺身

エネルギー 125kcal
タンパク質 26.4g
脂質 1.4g
炭水化物 0.1g

焼き鳥（鶏もも肉／皮なし）

エネルギー 138kcal
タンパク質 22g
脂質 4.8g
炭水化物 0g

ほっけ

エネルギー 115kcal
タンパク質 17.3g
脂質 4.4g
炭水化物 0.1g

カツオ（春獲り）の刺身

エネルギー 114kcal
タンパク質 25.8g
脂質 0.5g
炭水化物 0.1g

冷奴（絹ごし豆腐）

エネルギー 56kcal
タンパク質 4.9g
脂質 3g
炭水化物 2g

枝豆

エネルギー 134kcal
タンパク質 11.5g
脂質 6.1g
炭水化物 8.9g

焼きししゃも

エネルギー 177kcal
タンパク質 24.3g
脂質 7.8g
炭水化物 0.2g

※成分数値はすべて文部科学省「日本食品標準成分表（2015年版七訂）」より抜粋
※数値はすべて可食部100グラムあたり
※写真はイメージ

食材⑩【サプリメント各種】

たどり着いた厳選サプリメント

私はここまでサプリメントに対して、あまり積極的に話を進めてはきませんでした。なぜなら、すでに書きましたが、**サプリメントはあくまで栄養補給の補助的役割である**ということ。食事を差し置いてまで、これらの優先順位を高くするのは違うから。ただ、だからといって、決して否定派というわけではありません。

そのうえで、何を、何の目的で飲んでいるのか聞かれることも多いので、まとめて記しておこうと思います。前提として、サプリに求めるのは、不足することのない炭水化物以外の四大栄養素の補填。

よくトレーニング中にカーボドリンクを飲まないのか？　という質問を受けます。カーボドリンクを飲む目的は、長時間にわたるトレーニングで集中力を切らさないため、エネルギー切れを起こさないためです。私の場合は**平均2時間のトレーニングで、**

集中力もエネルギーも切れるという実感がないので飲んでいません。

タンパク質

プロテインパウダー

第一のタイミングは、トレーニング終了15分前。ついで、間食として。しかしこのときは可能な限り固形の肉を摂るようにしています。

ペプチド

消化の必要がないので、トレーニング中に摂取。トレーニングが2時間だとしたら、終了1時間前に。

必須アミノ酸／BCAA

必須アミノ酸は、トレーニング中にドリンクに混ぜて常に補給。筋肉が減りやすい減量中は、さらにBCAAを補強してトレーニング中、20～30分おきに摂取。

ビタミン&ミネラル

マルチビタミン&ミネラル

食事の補填的に、食後に。

脂質

オメガ3

魚を食べなかった日など脂質の摂取量が少ないと感じたときに限り、就寝前に。直前に飲んだプロテインの吸収を遅らせる目的も含めています。

以上が、通常のトレーニングに合わせて飲んでいるサプリメントです。減量期には、加えて以下のような種類のものを飲むようにしています。

L-カルニチン

ミトコンドリアで脂肪からエネルギーを作る際に使われるアミノ酸。有酸素運動をするときに。

ファットバーン

カプサイシンや胡椒抽出物のような刺激物をもってカラダを火照らせる働きをする。興奮作用もあるため、トレーニング前に摂って、脂肪を燃やします。

CLA

体脂肪の蓄積を防ぐといわれる共役リノール酸。運動とは関係のないタイミングで、1日3回食後を目安に。

無敵ポイント

カーボドリンクは「マスト」ではない。なぜならリアルフードで不足しないから

第4章

chapter 4

超実践的！
無敵の
筋トレ食

現役ボディビルダーとして
実践してきた5年間の食事遍歴。
試行錯誤の繰り返しの末、
現在たどり着いたベスト献立。
もう私たちに「チート」は必要ない。
普段の食事を愛せる者が一番強い。

ボディビルダー岡田隆の食遍歴1
1年目の挑戦、2年目の模索

ボディビル競技にはじめて挑戦したのが、4年前の2014年。当時から、今のように安定した食事を摂れていたのかというと、そういうわけではありません。私も失敗をたくさん積み重ねて、ようやくここまでたどり着いたのです。ここでは減量に関する食事の遍歴をまとめ、1年ごとに何を学び、翌年に活かしてきたのかをまとめます。

▼2014年　ボディビル競技1年目

競技結果：第22回東京オープンボディビル選手権大会70キロ級　優勝

炭水化物の摂取源として、自分に許可していたのは**「玄米」「オートミール」「そば」**のみ。オートミールがかなり苦手で、食べるのも無理やりでした。それでも「減量食とはこういうものだから」「それ以外を食べるなんて、問題外」という固定観念のようなものが強く働き、感情を押し殺しながら食べていたのを覚えています。

タンパク質のメインは、鶏肉でした。当時は今ほどむね肉の扱いが上手でなかったので、硬くなってしまうこともしばしば。オートミールほどの嫌悪感はありませんでしたが、食べるのに苦労したといえば、しました。

1年目における一番の失敗は、野菜なんて食べなくていいだろうと思っていたことです。自炊をする際には見向きもしませんでしたし、時々する外食で添えられている葉物をとりあえず的に食べる程度。

とにかくタンパク質を摂取して、脂質に強く制限をかけ、炭水化物を制御する。それでいいのだと思っていた時代です。そのおかげで、食物繊維量が不足。かなりの便秘に悩まされました。

結果としては、それなりのものが出せた年となりました。しかし、改善点は多くあったことを反省し、さらに強いカラダを作るべく決意を新たにして2年目に突入しました。

▼２０１５年　ボディビル競技2年目

競技結果：第29回東京クラス別ボディビル選手権大会70キロ級　５位
２０１５関東選手権大会　10位

炭水化物に関しては、基本的には1年目と同じ取り組みにしました。そのなかで変えたことといえば、オートミールを主体に据えたことです。

あれほど食べることにしんどさを感じていたオートミールですが、1年間の努力が功を奏したのか、2年目には食べることに一切の躊躇がなくなりました。

結果いかんは別としても、苦手だったものでも続けていけば食べられるようになるという気づきは、うれしかったですね。

それから、**タンパク質摂取の中心を鶏肉から牛肉に変えました**。

単純に飽きはじめたというのもありましたが、**鶏肉以外のものにも挑戦してみよう**と思ったからです。自分のカラダに何が合うのかは、自分のカラダで「実験」をしてみないことには、得られる気づきも得られません。

鶏肉が一番だ、といわれるからといって、ほかの肉に挑戦しないのは、もったいないと思います。もしかしたら、自分にとっては鶏肉以上にいい食材があるかもしれません。

そして、私のなかで2年目の取り組みといえば、発酵食品を積極的に摂るようにしたことです。これは1年目に悩みに悩んだ便秘解消を望んでのこと。

納豆、キムチ、ヨーグルト、味噌……。思いつく限りの発酵食品に手を出したにもかかわらず、残念ながら思うような改善は得られませんでしたが、今にして思えば当然のことです。なぜなら、発酵食品で体内に取り込まれるのは「菌」。**腸にたどり着いた菌が、何をエサに活動をするのかというと、食物繊維だから**です。

1年目に続いて、野菜の摂取量はかなり少なく、やはり葉物を時々食べる程度でした。それで発酵食品を積極的に摂ったからといって、その力を発揮させる環境が整っていないのだから、効果を得られないのも当然です。

食事とは少しずれますが、この年ははじめに出場したクラス別の大会で優勝を狙うつもりが甘さが出て5位という結果に。自分自身、納得がいかず6日後の関東大会に向けて決死の炭水化物抜き、水抜き、塩抜きを敢行しました。

生死をさまよう、といったら大げさに聞こえるかもしれませんが、自分の感覚としてはそれくらいのものがありました。その経験があるからこそ、安易に手を出してほしくないとこの本でもお伝えしています。

無敵ポイント

自らによる「実験」という名の「挑戦」こそが、一番の気づきを得る方法

ボディビルダー岡田隆の食遍歴2
3年目の切り替え、4年目の変革

▼2016年　ボディビル競技3年目

競技結果：第50回日本社会人ボディビル選手権大会　優勝
第62回日本ボディビル選手権　14位

この年は、完全に**「やよい軒」**におんぶに抱っこ状態でした。名づけて「やよい軒減量」……そのままですね。なぜ外食を利用したのかといえば、ここまでの2年間はタンパク質摂取を肉に頼り切っていたので、**魚をできる限り摂取しよう**と考えを切り替えたからです。ちょっとした変革の年ですね。

大きな理由としては、前年に鶏肉から牛肉にシフトしたのと同じく、自分にとってよりよいタンパク質源を探す旅の途中だったから。ただ、私のなかで肉と比較したときに、魚は調理に少々骨が折れる食材としてカテゴライズされるため、考えた結果、安定の「やよい軒」を頼みの綱としたのです。

図8 外食でも減量に使える！ やよい軒の魚中心メニュー

◎サバの塩焼定食

良質な脂質であるので、食すことを恐れるな！

◎サバの味噌煮定食

たまにであれば「煮」を選んでもOK。

◎しまほっけ定食

外食におけるメインメニュー！タンパク質量はもっとも優秀。

◎鉄火丼

脂質を極力摂りたくないときに活用。

※栄養素の数値は179ページを参照

※写真は白米のイメージ画像
※商品の内容は写真と異なる場合があります

背景には、大学、柔道日本代表サポートの仕事などにより、スケジュールがかなり過密になってきたこともあります。ボディビルだけでなく、それと並行して行う仕事に関してもまだ自分のペースを見出すことができていなかったのです。

だからといって、忙しさをいい訳にすることほど愚かなことはないので、食事の準備にかかる時間をカットするには、と考えた結果が、外食に頼るという選択でした。

頼むのは、焼きホッケやサバの塩焼きなど魚が主菜の和定食。この年は、**魚をメインに据えることで、良質な脂を摂取すること**も目的のひとつとしていました。

それまでは、減量を効率よく進めることばかりを考えて、脂質を削ることしか考えていませんでした。しかし、脂質も人間のカラダを構成するうえで欠かせない栄養素であることに気づき、基本に立ち返り、**魚を通して摂ることを意識して**いきました。

結果として、脂質を適度に摂取したことにより肌の質感やハリ感が改善されました。前年とは体内に摂り込むアミノ酸の種類が変わったことで、カラダの内側からの変化も実感を超えた部分があったのでしょう。

唯一の出場と決めて臨んだ社会人大会でよい成績を収めることができ、その結果を受けて自分のなかでは「おとぎの国の世界」のような位置づけにあり、生身の人間が出てはいけないレベルというくらい畏敬の念を抱いていた「日本選手権」という最高峰の戦いに、ついに足を踏み入れることができました。ちなみにこれは体重無差別の大会であり、日本の筋肉の神々すべてが登場して戦う聖なるステージです。

▼2017年　ボディビル競技4年目

競技結果：第63回日本ボディビル選手権　15位

4年目は、それまでの私の定説を覆すことが起こりました。なんと、**野菜を積極的に摂るようになりました**。変革の年といえるでしょう。

不要とすら考えていた野菜を、どうして突然食べようと思ったのか。

特定の野菜に素晴らしい効果があると気づいたから！　といえればドラマティックですし、研究者的な展開になるのですが、実際のところは効果うんぬんよりも純粋に「おいしさ」に気がついたのです。この年から、タンパク質源のメインを鶏肉に戻していました。自分に合うものを探しいろいろと試し続けてきましたが、さまざまな面から考えても、やはり鶏むね肉がベストという答えを導き出しました。

ただ、あくまで「メイン」であり、食べるチャンスがあるときは、引き続き魚も食べるようにしていきました。牛も食べるし、ときには豚も食べる。選ぶ食材に偏りがないようバランスをとるようになったのは、4年目からといえるでしょう。

鶏むね肉を調理し、出先に持っていくようになったとき、時間が経つにつれて肉がパサついていくので、これをどうにかしたいと思いました。もちろん食べられないことはないけれど、食べるのに時間がかかるし食べ疲れもする。いい方法がないかと考えたなかで、**野菜がもつ水分を活用する手を思いついた**のです。

試してみたら、これが私的大ヒット。さらに野菜と一緒に食べることで、同じ鶏むね肉でも味に変化がつく。1食を通して、ずっとおいしく食べられることから、野菜を積極的に摂るようになりました。フライパンで蒸し焼きにすると甘みが増してさらにおいしくなる。続けるほどに、野菜の魅力の虜となりました。

このような経緯があっての変革でしたが、副産物的についてきたのが**ずっと続いていた便秘の改善**。食物繊維というものの存在に気づきかけたところで、スーパー大麦と出会った5年目のシーズンを迎えたのです。

無敵ポイント

魚と野菜を意識的に摂ることで、筋肉にハリが出る。減量苦も軽減

バズーカ岡田的ベスト献立2018

5年目となった今年は、私にとって減量期の食事のかなりいいバランスを見出した年でした。食べることを我慢することもありませんでしたし、減量が終わった今でも食べたいと思える減量食に出会えました。
もちろんこれからもブラッシュアップしていくつもりですが、現状の私的ベスト献立を記しておきます。

基本メニュー ［→258〜259ページ参照］
・鶏むね肉約200〜300グラム
・鶏がらスープ、醤油、塩などで味つけをした野菜
もやし、ブロッコリー、パプリカ＋ピーマン、きのこ類、玉ねぎなど
・スーパー大麦約3〜4グラム（1日合計12グラム以上摂れるように調整）

1食目（トレーニング前：5時頃）

・基本メニュー

・雑穀米、もしくは玄米約200～300グラム

・納豆

・卵

・海苔

・時々グレープフルーツもしくはパイナップル、あるいは脂肪ゼロのギリシャヨーグルト（無糖）

果物（キウイのときも）とヨーグルトを混ぜる場合もある 〔↓267ページ参照〕

2食目（トレーニング後：10時頃）

●通常時

・定食屋で外食→焼き魚が主菜におかれた定食を選ぶことが多い 〔↓163、179ページ参照〕

●減量末期

・基本メニュー

・炭水化物1～2品→バナナ＋ベーグル、もしくはバナナ＋ライスケーキ

3食目（13時頃）

・基本メニュー

・炭水化物1品→ベーグルを選ぶことが多い

4食目（16時頃）

・基本メニュー

・炭水化物1品→ベーグル、もしくはライスケーキ

5食目（19時頃）

・基本メニューor脂肪ゼロのギリシャヨーグルト（無糖）2個（プロテインのこともあり）

6食目（22時頃）

・プロテイン（タンパク質量で30グラム程度）
・オメガ3サプリメント

真似をしたい方は、体調に注意して進めてください。私は試合出場を目指すボディビルダーなので多少攻めた内容になっています。**タンパク質がかなり多くなるので、少し減らして行う**といいのではないでしょうか。

ベーグルの登場回数が多いのは「それがいいから」というよりも、ジムでも手に入るためという理由が大きいです。

コンビニにあるスーパー大麦を使ったおにぎりを購入し、食べていた時期もありましたが、スケジュールが詰まっている場合、購入するために使う移動時間がもったいないと感じたこと、基本メニューにすでにスーパー大麦が入っていることから、ベーグルが「ベスト献立」入りしました。

スーパー大麦を基本メニューに入れていることで、**食物繊維をばっちり摂取でき、そ**

の後に食べる炭水化物には「何を選んでもいい」という選択肢の幅と余裕をもたせることができるようになりました。

前述の通り、ボディビルを始めた当初は、炭水化物摂取に対する固定観念があったため、面倒に感じることもありました。スーパー大麦の登場、導入によりそこから解放された喜びはかなり大きいです。

無敵ポイント

真似する場合は、タンパク質を少なめからスタート。体調を観察し柔軟な対応を

「外食で太る」は収支バランスが悪いだけ

「外食は太る」なんていう言葉をかけられた経験がある人、あるいは誰かにかけた経験がある人も多いのではないでしょうか。

その言葉の裏には、ひとつの料理を作るのに、何の調味料をどのくらい使っているのかがわからないからコントロールが難しいという意味もあるでしょうし、外食はおいしいからつい食べすぎてしまう、という意味もあるのでしょう。

いずれにせよいえることは、**何を食べるのかを考えるときに、本質を見て選んでいければ、外食をしても太らない**ということです。むやみに外食を恐れてストレスを溜めるより、**知識を武器に外食という楽しみを取り入れるほうが断然いいと**、今は思います。

私自身、減量中であっても時折、やよい軒以外の外食を経験するなかで（もはや、やよい軒は外食と考えていない）、普段と違うものを食べることの怖さときちんと向き合うことができました。そこから見えてきたのは、本質を見失わなければ、何を食べてもそう大きくは変わらないということ。

案外大丈夫、ということを頭で考えたり誰かに助言されたりするのではなく、実際に経験したのが、かなり大きかったと思っています。**減量中の食事は「これじゃなきゃダメ」という思いが過剰になると、辛すぎる**ということも改めてよくわかりましたし、「案外大丈夫」を経験するためのチートなら、むしろやってみてほしいくらいです。

だからといって、天ぷらやトンカツを選ぶのは大きな間違い。外食をしても案外大丈夫、といえるのは、摂取カロリーと消費カロリーの収支バランスが大きく崩れない範囲であれば、です。逆にいえば、チート的な外食をしようとしたときに「天ぷら、トンカツを食べたい」と思うようであれば、普段の食事に無理があるということ。

なかには、純粋に「食べることが好き」という人もいます。私の教え子のなかにもいます。近くで見ていると減量時の苦しみは、私が感じているそれとは大きく異なるのだろうと思います。だとしても、いいカラダを手に入れたいのなら、そこは乗り越えなければなりません。辛くても本気なら続けられるし、続けていけば必ず習慣化できます。

無敵ポイント

減量中でもそれ以外でも「心から愛せる食事」と出会う努力を怠るな

最高なのは、ホッケ、サバなどの焼き魚定食

外食で、具体的に何を選べばいいのかについておすすめを書いておこうと思います。選択肢のなかに「定食が食べられる店」があるのなら、そこを選びたいところです。

店名でいうと**「やよい軒」「大戸屋」は鉄板です**。次点はファミリーレストラン。定食系チェーンと比較すると選択肢が限定されますが、内容を選べば問題はないでしょう。

私自身、どのお店もよく利用しているのですが、そういうと驚かれることが多いです。「おかずだけを食べるのですか？」と聞かれることもありますが「定食」なのでごはんも食べます。おそらく炭水化物摂取に対する誤解が起因しているのでしょう。

それに関してはすでに説明をしているので詳細は割愛しますが、**食事のカロリーを高めるのはおかずの構成**です。ごはんはしっかり、いただきます。

それに**「やよい軒」なら十六穀米、「大戸屋」なら五穀米に変えることができますし**、ごはんの量を少なめにすることもできます。セミオーダーメイド化できるところが、さ

らにうれしいポイントです。ちなみに、私はいつも白米をこれらの雑穀米に変えて普通盛りをいただきます。

次に、カロリーの決め手となるおかずの構成はどうするのかというと……まずは、いわずもがな揚げ物は選択しません。それから丼モノも、食事にバランスを求めている私は頼みません。

鶏肉や豚肉のソテーなどもチョイスとしては悪くないのですが、肉は自宅でも弁当でも食べる機会が豊富にあるので、**せっかく外食をするのなら食べる機会が限られる魚を選びたい**と考えています。

なので、大枠でいうと洋定食より和定食、肉より魚を選び、さらにはボディメイクにとって余計なものをなるべく摂らないことを意識して、煮物よりも焼き物を選ぶ（煮物を選ばないというわけではありません）。

となると、大体いき着くのが**焼いたホッケやサバやシャケを主菜としたメニュー**です。

ただし魚のなかでも脂質含有量はものによって大きく異なります。

今挙げたなかでも、サバはダントツで脂質を多く含みます。

通常は「脂がのっていておいしい！」といわれるわけですが、除脂肪を進めるうえではそのおいしさがネックになることに……。

カラダの絞りを続けたい場合はホッケ一択。しかし、**脂質をカットし続けると、それはそれでカラダに元気がなくなってくるもの。なので「もう少し、元気が欲しいな」というときにはあえてサバを選ぶ**、ということもします。用途をわきまえれば、不利と思われることであっても利になることを覚えておくといいでしょう（ちなみに、179ページの図9にあるように「やよい軒」の「しまほっけ定食」は一般的なものに比べ脂質が多いです。生き物であるがゆえ含まれる成分に差があることを理解することも必要でしょう。個人的な感覚としてはサバよりも低脂質であると感じています）。

私の生活範囲のなかに「やよい軒」があるため、自然と思い入れも強くなるのですが、今年の期間限定メニューのなかでは「ねばとろごはんと焼魚の定食」が最高でした。納豆、とろろ、めかぶ、オクラといったネバネバ食材に、マグロ刺身数切れ、卵などを合わせてごはんにかけて食べる。さらに、塩焼きサバがついてくる。最強のバランス定食を前にして、ついに「やよい軒」が社を挙げてビルダーを仕上げにきた！　と胸の高鳴りを抑えきれませんでした。

夏前までは定期的にオーダーしていたのですが、よく利用していた店舗が減量途中で諸事情によりクローズとなってしまい、大いに落ち込みました。結局、残る減量期は自作弁当オンリーで過ごすことに。

減量の「進み」に関しては、自作弁当に切り替えた後のほうがさすがにスムーズでした。なので、大会に向けた除脂肪ステップとしては、ちょうどよい感じで踏めていたのかな、と振り返っています。

だからといって、やはり外食はダメといいたいわけではありません。「やよい軒」にお世話になっていた段階でも、予定減量の8割には達していました。ボディビルの試合に向けた8割ですから、一般的なダイエットとしては十分すぎるほどでしょう。もしも、**外食で減量に失敗したというならば、摂取過多かトレーニング不足かが原因**です。「大戸屋」の魚メニューにはシャケもあるし、タイもあります。肉も含めて選択肢が多いように感じています。

それから「大戸屋」は、小鉢メニューが充実しています。どの食材に栄養素がどのくらい含まれているかを把握しておく必要はありますが、普段の生活を通してある程度わかってきていれば、**その時々で食べたいものを選んだうえで、栄養素やエネルギー量が足りないときに小鉢で調整する**こともできるようになります。

「まだ細かいところまでは把握できていない」ということであれば、いずれのお店にも用意されている納豆や豆腐を頼むといいでしょう。筋肉の育成に注力している時期なら、「卵」をプラスすればいいと思います。

そのうえで、**カラダの絞りが遅くなってきたなと感じたら、プラスオンしていたものを外せばいいだけの話**なので、はじめのうちは**「気持ち多め」**にしておくこともおすすめです。**減量時に切れるカードをとっておく、というのは常套手段**です。

また「大戸屋」の魅力は、テイクアウトの事前予約ができるという点です。トレーニング終了予定時刻や移動時間を踏まえたうえで電話を入れて、あとは取りに行くだけという状態にしておけば、スケジューリングは完璧となります。

近場にちょうどいい店がない、という場合には、今は「Uber Eats」などネットオーダーできる宅配サービスも充実しています。状況が許すのであれば、オフィスにいながらにしてバランス食を摂ることも可能なわけです。

「食事にそこまでするの？　そんなにお金をかけるの？」

周囲の目なんて、気にする必要はありません。

みなさんの目的は何ですか？　いいカラダになることですよね？

いいカラダになるためにできることがあるのなら、それを選ぶことが正解です。他人の目を気にしても、一向にいいカラダにはなれません。一度しかない人生、与えられたこのカラダを意のままに操り、なりたいカラダを作り上げるべきです。

図9 主な定食の栄養素一覧

		カロリー	タンパク質	脂質	炭水化物
やよい軒 ※栄養成分値には、付け合わせの漬物・卓上の調味料は含まれていません	サバの塩焼定食（十六穀米）	741	37.5	37.7	62.5
	サバの味噌煮定食（十六穀米）	677	30.3	28.8	73.6
	しまほっけ定食（十六穀米）	779	53.2	36	60.5
	鉄火丼（ごはん普通盛り）	498	31.6	2.7	87
大戸屋 ※すべて五穀ご飯	さばの炭火焼き定食	898	40.1	49.3	61.6
	しまほっけの炭火焼き定食	613	49.8	14.8	61.1
	沖目鯛の醤油麹漬け炭火焼き定食	560	34.9	14.8	63.7
	鶏むね肉とたっぷり野菜の香辛だれ定食（皮を取れば、より低脂質に！）	657	32.2	19.1	80.9

※やよい軒、大戸屋各ホームページより

無敵ポイント

外食するなら、食べる機会が限られる食材（私は「魚」）を選ぶべき

考え方によっては「ラーメン」もNGではない

同じ魚にしても「煮」より「焼」を選ぶと書きましたが、選択肢がない場合や、少し甘みが欲しいなと感じたときなどは、「煮魚」を選んでもいいと思っています。特に大会に出場するわけではない方ならなおさら、そこまで気にすることはないでしょう。

煮物で汁をすべて飲み干すという人もなかなかいないでしょうし、魚に染み込んだ程度の調味料など、たかが知れています。

そういった考えならば、たとえば**「ラーメン」であっても、スープを飲み干さなければ炭水化物を摂取しているだけ**、となります。麺に油がまとわりついているじゃないか！　といわれれば、その通りなのですが、煮物と同じで気にしすぎる必要はありません。

だからといってみなさんが、積極的にラーメンを食べるかどうかは別として、もし食べる機会があるなら、まずは「食べたら終わる」といった固定観念は外していいです。

食べたときの罪悪感ほど精神的に辛いものはありませんから。そして、鶏がらの醤油や塩のようにさっぱり系スープのほうがベター。

ただ、バランスが偏ってしまうことについては注意喚起せざるを得ません。**ラーメンに限らず、同じ麺類のそばであってもタンパク質が不足**します。サラダチキンなりプロテインパウダーなりを使って、時間差でもいいので補足することを忘れずに。

そばといえば、炭水化物のなかでも血糖値の上昇がゆるやかな「低GI」食品で、食物繊維も、少量ですがタンパク質も含まれています。

学生ボディビルダーのなかには、**玄米の代わりにそばを減量食にする**選手もいます。全粒粉パスタを持ち歩く海外のビルダーのように、ゆでそばを容器に入れて持ち歩くのです。最近では、水ですすぐだけで食べられるそばも多く流通していますし、自分に合うもの合わないものを見極めている最中にある人でアレルギーの心配がないならば、一度試してみてもいいのではないでしょうか。

ここで間違わないでほしいのは、あくまで「そば」であること。**うどんでは食物繊維量が落ちるため、減量食としてはおすすめできません**。

無敵ポイント

もっとも避けたいのは、バランスの崩れ。タンパク質量だけでも、確保を

食べ順は、①食物繊維 ②タンパク質 ③炭水化物

何年か前にブームとなった「食べ順ダイエット」。用意した食事のなかから、どのような順番で食べていくのかに留意することで、**血糖値の上昇を抑制し過食を抑えたり、咀嚼を促すことで満足感につなげたりする**方法です。

私自身も、ブームにかかわらず食事を摂る際には必ず意識するようにしています。前記のほかに消化吸収の効率を上げる、というメリットもあります。ノウハウは一般的なそれと同じで、**最初に手をつけるのは「食物繊維」。２番目は「タンパク質」、最後に「炭水化物」の順番です。**

たとえば、ホッケの定食を食べるとしたら、まず、味噌汁を１／３程度飲んで、胃腸を温め動きやすくします。小鉢の豆腐（あるいは野菜）を食べてから、ホッケ。半身を残した状態で、ごはんを食べはじめて最後に残りの味噌汁をいただきます。

卵や納豆をプラスする場合はホッケをすべて食べ終えてから、おかずがない状態でご

はんにかけて食べます。1品ずつ完食していくようなイメージでしょうか。食事のマナー的には、すべての要素をバランスよく食べ進める「三角食べ」が推奨されますが、ボディメイクにおいて有利な食べ順を徹底しようとすると**「一点集中食べ」**のほうがよいということになります。

このあたりのチョイスは難しいところですが**「いいカラダになる」という目的を達成するために、今すべきことは何かを考えること、あとはTPOに合わせて選んでいけば、自ずとどうするべきかが見えてくる**と思います。

個人的な意見としては、まずは食事にはマナーがあるという認識をもっていること。それが何より大切だと思っています。

そのうえで、一人で食べるときや、気心の知れたトレーニング仲間と食べるときには、気にすることなく食べ順重視でいいのではないでしょうか。

仕事関係や目上の方との会食などであれば、何となく食べ順を意識しつつもマナーを守るほうを優先します。コース料理などで順番が決まっている場合などは、受け入れるということです。アラカルトなら、ある程度は意思に沿って食べています。

共に過ごす時間が長い家族、親族などには事前に自分の取り組みについて説明をし、理解を求めることも大事になってくるかもしれません。

順番に関して補足すると、一般的には野菜から食べはじめる、という解釈でいいと思いますが、自作の弁当を食べる場合は、少し異なります。

というのも、野菜の水分と旨味で鶏むね肉を食べるため、正確にいうと2番目に手をつける「タンパク質」と一緒にいただきます。また、野菜からも食物繊維は摂れますが、私の場合は、主に鶏むね肉にまぶしたスーパー大麦から摂取していきます。

どのような調理をしたとしても、鶏むね肉には噛みごたえがついてまわります。加えてスーパー大麦に対しても、1粒1粒頑丈にコーティングされた食物繊維をプチッと噛み砕いて消化吸収を促すために咀嚼が必要です。

純粋に食べる量を減らしたい、という目的の人であればこのステップだけでもかなり満足感を得られるでしょう。それゆえ、途中で食べ疲れを起こしてしまう場合もありますし、最後の炭水化物までたどり着かないと、バランスに偏りが出てしまいます。**摂取量を減らす場合には、全体を見て調整する**よう心がけましょう。

無敵ポイント

「三角食べ」より「1品完食」形式が、筋肉マナー

私が卵、大豆、乳製品に対して積極的でない理由

ここまで、さまざまな食材にスポットをあててお話ししてきました。

タンパク質源として肉・魚に触れ、炭水化物摂取の重要性を語るうえで米とスーパー大麦に触れ、減量を無理なく進めるためのエンタメ食として野菜、果物に触れ……残る日常的な食材といえば卵、大豆、そして乳製品となりました。

いずれもタンパク質を多く含む食品でありながら、主だった扱いをしてきていないのは、私の主観で「していない」というよりも、**ボディメイクの観点で考えると「できない」から**です。

卵をメインにしてしまうと、**黄身に多く含まれる脂質の摂取が過多になる**。だからといって廃棄してしまうのは気が引けますし、誰かにあげるといっても、ともに暮らし私のライフスタイルに理解を示してくれている家族であっても、黄身だけを毎日食べ続けることには抵抗があるでしょう。

過去、国内で最も名を馳せたボディビルダーであるマッスル北村さんは、生卵をドリンクに混ぜて飲んでいましたし、映画『ロッキー』でもそのようなシーンがあることから「カラダ作りには卵が有益」と、強く思い込んでいる人も多いかもしれません。

卵が決してダメなわけではありませんが、そもそも北村さんもロッキーも、今ほどプロテインパウダーが広く流通していない時代の話です。食べすぎると脂質が過多になる事実に目を瞑ってまで、卵を主軸にする意味が私には見出せません。**脂質による摂取カロリーオーバーを考えれば、全卵であれば1食あたり1、2個が目安でしょう**（コレステロールが多く血管を弱くするのではないかという問題からの制限とは違います）。

私も、生卵をごはんにかけて定食を締めることがありますが、生食にはリスクが伴います。実は消化吸収も、あまりスムーズではありません。

「筋肉食堂」など、ボディメイクを後押しするお店では、卵白オムレツがメニューにあります。減量中の食事にメリハリをつける目的で、時折そういったものをメインディッシュにもってくるのはありかもしれません。

大豆製品といえば、納豆が最も手にとりやすく食べやすいものだと思います。大豆はアミノ酸スコアが１００なので食材としては素晴らしいです。

ですが、100グラムあたり16・5グラムのタンパク質を摂ることはできますが、だいたい1パックあたり40～50グラムのため、十分なタンパク質量を稼ぐには3パック食べる必要があります。100グラムあたり24・4グラムのタンパク質を含む鶏むね肉に劣りますし、3食あるいはそれ以上の回数の食事で、毎食納豆を3パックずつ食べるというのは、私にはとてもへビーなことのように感じます。

豆腐（木綿豆腐）にしても、100グラムあたりのタンパク質量は6・6グラム。メインにもってくるのは、やはり難しいと判断せざるを得ません。

サブ食材としては、いずれも優秀なので使い方を工夫すればおすすめです。

なお、乳製品を積極的に摂らないのも、卵と同じでタンパク質と一緒に脂質を摂ってしまうから。さらに、チーズだと塩分もプラスされて全体のバランスをコントロールするのが難しくなってしまいます。

そのため、間食で摂るのはこれまでも使える食材として紹介をしてきた、脂肪分ゼロで無糖のギリシャヨーグルトです。

無敵ポイント
卵黄、乳製品で脂質過多になりたくない。Pの摂取は納豆より鶏むね肉派

図10 卵、大豆、乳製品の扱い方

あくまで私の場合……

● 卵

・黄身に含まれる脂質が気になるので、摂っても1食1個程度

・卵を主軸に置くことは考えることができない（黄身は捨てたくないので……）

● 大豆（納豆）

・卵と同じく脂質が気になる。
摂っても
1日1パック（約40～50グラム）程度

・100グラムあたりの
タンパク質の摂取量は
鶏むね肉のほうが効率がいい

・メインメニュー的な扱いができない

● 乳製品（チーズなど）

・脂質、塩分を余計に摂ってしまう

・タンパク質摂取に狙いを絞り、
脂肪ゼロのギリシャヨーグルト
（無糖）は積極的に摂る

チート不要！「普段の食事」を愛せるようになる

減量のテクニックとして「チート」は有名です。**減量期間中に停滞を感じはじめたとき、1日だけ摂取カロリーを増やし、飢餓状態を防ごうとするカラダを騙して（チートして）代謝（エネルギー消費）を上げる方法**です。

しかし、最近では少し趣のことなるチートの活用法が広まっているようです。それはたとえば「週末チート」と呼ばれるようなもの。週末だけ**普段の食事制限を少し解放して、気持ちをリラックスさせることで、減量食の継続性を高めていく**というものです。

私個人としては、意識的にチートを取り入れることはしていません。本来の目的を考えても特に停滞を感じることはありませんでしたし、抑えつけている気持ちを解放したいという気持ちにもなりませんでした。

そもそも野菜の旨味で鶏むね肉を食べることにとにかくハマッたので、食事を制限しているという感覚はゼロでした。なので、意識的にチートをとる必要がなかったのです。

ただ私も一社会人でありますし家族もいるので、皆で外食というときには一緒に食べるようにしていました。お店で弁当を広げるわけにはいきませんからね。取り組みが苦しくてそうしていたわけではなく、あくまで仲間や家族との時間を大切にするためです。

幸い、家族はシンプルな調理法を好むので、焼くだけ煮るだけ蒸すだけといった比較的、減量中にも手を出しやすい食事だったというのもあります。しかし仕事の会食ではそうはいかないこともあります。しかし、食べているときの罪悪感は意識的にもたないようにしていましたし、今では自然ともたないようになりました。

なぜなら、**普段積み重ねているものがあまりにも大きい（と自負している）ので、週1回の、さらに1日5～6回にもおよぶ食事のうちたった1回の食事が多少カロリーを超えたとしても、大したことはない**と思えるからです。実際に、1回のダメージも通常のダイエットであれば気にするほどのことではありません。

それでもはじめのうちは「大丈夫かな」という気持ちがなかったわけではありません。しかし食事内容に目を向ければ鶏むね肉が牛赤身のステーキに変わり、炭水化物が付け合わせのイモになっただけのこと。ＰＦＣバランスは、さして変わらないのです。

そう気づいてからは、**外食を「メリハリ」としてとらえられる**ようになりました。

外食には外食のおいしさがあるし、「いつもとは違う」という特別感も味わえます。そして何より家族や仕事仲間と一緒に食事を楽しむという、**人生をトータルで考えたときに根底の部分で大切になってくるかけがえのない時間を過ごすことができる**。総合的に考えて、すごくよかったなと思っています。

内容だけを見たらチートを取り入れたことと同じなのですが、**気持ちとしては「チート」とは別**。決して、普段の食事から解放されるために自分を騙したわけではありません。

このように、**「普段のカラダ作りの食事」を愛せるようになると、減量から「苦しさ」が消え去り、積み上げも大きく揺るぎないものになります**。本書をしたためる目的は、きっとみなさんをこの域にお連れすることなのだと、今改めて認識をしています。

もちろん、こうしたテクニック的なものが好きで、モチベーションにつながるのなら取り入れたほうがいいかもしれません。しかし、苦し紛れのチートを行っている方には、「今のままでは苦しさのループから抜け出せない」「本質を見つめた減量にはチートはいらないんだ」と気づいてもらいたいです。

無敵ポイント
外食を「メリハリ」ととらえられれば、より普段の食事が愛せるようになる

第5章

chapter 5

それでも
カラダが
変わらない
人へ

筋肉の成長が行き詰ってきたら、
「自分は今どう食べて、どう生活しているか」
ということを意識し観察してほしい。
実際の食事メニュー以外の部分を見直すことで
筋肉のパフォーマンスが一気に上がることが考えられる。
ここでは視点を変えた小さくも偉大なコツを紹介する。

減量期の前段階「増量期」に何を食べているか？

ここまでは、主に除脂肪を進める「減量期」での取り組みを中心に、いいカラダになるためにできることをお伝えしてきました。しかし、**それでもカラダが変わらないのなら、減量期の前段階にある「増量期」に目を向けて**いきましょう。

増量期とは、筋肉を大きく育てるために設定する期間です。ある程度の体脂肪を味方につけてカラダをパワーアップさせ、挙上重量を伸ばして筋肉量を増やしていきます。

競技として取り組んでいると出場大会が終わると同時に、増量期に突入する人が多いです。かつては減量幅が10キログラム以上という選手が一定数いたのですが、最近は少なくなったように感じています。

背景には**「クリーンバルク」**などと呼ばれる増量スタイルが広まったことがあります。**「増量期」だからといってむやみに体脂肪を増やさず、次のシーズンに向けた減量幅を3～5キログラム程度に抑えながらバルクアップに勤しむ方法**です。

昨今のフィットネスブームで「ＳＮＳ映えするカラダ作り」という新しいトレーニングの目的が登場しました。それもクリーンバルク流行の一端を担っているのでしょう。クリーンバルクを実践することで、年間を通してまあまあいいカラダをキープすることができます。健康の面から見ても、体重の増減が少なくなるため心臓や血管へのダメージも少なく、選択肢のひとつとして、もっていることはとてもいいことです。

ただ、その**クリーンバルクにこだわりすぎるがゆえに、いいカラダに近づいていかない可能性**にも忘れずに目を向けてください。

というのも、あらゆるタイプのトレーニーを見てきたなかで、クリーンバルクとカラダが変わらないことに、何かしらの関係があるように思えて仕方がないからです。

学生然り社会人然り、毎年のように大会に出場するけれど、常に同じようなカラダで登場し、例年通りふるわない結果でステージを後にする選手を多く見かけます。

共通の特徴は、絞りだけはすごくいいということ。想像の域は超えませんが、おそらく彼らの減量幅は、クリーンバルクのレベルなのではないでしょうか。そしてもうひとつの共通点が、毎年仕上がるカラダから一切の伸びを感じ取れないということです。

体質的に量が食べられずに増量ができないというのであれば、本書を参考にするなどして食事の摂り方を切り替えていきましょう。

そうではなく、ただ「いいカラダをキープしたいから」「減量の苦しみを少なくしたいから」といった**目先の目標ばかりを優先してクリーンバルクを心がけているようなら、一度、考えを改めるべき**でしょう。本当になりたいカラダがあるのなら、一時的な体脂肪増加も受け入れる覚悟を持ちましょう。

改めるべきなのは、カラダがいい方向に変わっていかない現在のやり方です。ただし、増量期だからといって、体重を無尽蔵に増やしていいわけではありません。だから、何を食べてもいい期間だといいたいわけではありません。

それこそSNSで「フィットネス」を発信している若い選手たちを見ると、大会を終えた数分後にはジャンクフードやらケーキやらスナック菓子やら……減量期に我慢していたであろうさまざまな物を次々と平らげ、その様子も逐一アップロードしています。

文化祭後の打ち上げのような一時的な盛り上がりもあるでしょう。

それもひとつの世代的な楽しみ方だと理解していますし、彼らの大半が数日後、また気を引き締めてクリーンな生活を送りはじめることもわかっています。

だとしても情報を受け取った全員がそこまで判断できるのかはわかりませんし、そもそも、それが本当に「フィットネス」なのかという疑問を抱かざるを得ません。**本質的にカラダを変えるには、長期的な取り組みがマスト**。そして心も変えてしまう。

また、減量明けのカラダは枯渇状態にあるため、口にしたものから手当たりしだい養分を吸収しようとします。養分がすべて筋肉に反映されればよいですが、残念ながらほぼ体脂肪として蓄積されます。**真剣にカラダ作りのことを考えるのならば、大会直後の増量期のはじめにこそ、バランスの整った食事を摂るべき**です。

ややこしくなりますが、羽目を外してはダメといっているのではありません。**羽目を外さずにはいられなくなるくらい、減量のために無理な我慢を積み重ねてしまうことに問題がある**ということに気づいてほしいのです。

一気に増やして一気に絞る。それを続けている限り一生、努力がついてまわります。いいカラダを維持するために、一生努力をし続ける覚悟が、あなたにはありますか?

正直、私は首を縦には振れません。**一生努力をし続けなくても、自分に合ったかたちでいいカラダを作っていく方法がある**ことに、私は気づいているからです。

無敵ポイント

「クリーンバルク」への執着が、カラダ作りを阻止する場合も

「何を食べたら、パフォーマンスがどう変わるか」を観察する

ここ数年間、柔道の日本代表選手たちを見ていて感じたことは、**「何を食べたか」と「どのくらい寝たか」がパフォーマンスに与える影響は大きい**、ということです。

よく覚えているのが、リオデジャネイロオリンピックの前年に行われた２０１５年の代表合宿でのこと。ちょうど中日で、朝練がない日がありました。そういうときには、張り詰めている心とカラダにほんの少しのリラックスをもたらすために、前日の夜にみんなで食事をともにして緊張を和らげるのです。

翌日、午後練に登場した大野将平選手のカラダつきは、まったくの別人レベル。太ったという意味ではなくて、いわゆるカーボアップの状態でパンパンに張り上がっていたのです。もともと体脂肪も少ない選手なので、血管もバリバリ。相当いいカラダに仕上がっていました。動き出したら、またビックリ。動きのキレが凄まじく、粘りも強い。**限界に近いレベルまで、パワーを出して動くことができていた**のです。

彼はトップ中のトップの柔道家です。日夜、研ぎ澄まされた練習を繰り返し、カラダも素晴らしい状態を保っています。自分自身のカラダの変化を敏感に感じとり、パフォーマンスに変化をもたらした行動に興味を示しました。

栄養補給と休養によるものだ、という見解を伝えると、彼はそれからの1年間「何を食べたか」と「どのくらい寝たか」に着目し続けました。そして迎えたリオオリンピックで、どれだけ素晴らしい結果を残したか、みなさんの記憶にも新しいと思います。

非常にボディビル的な考え方であり、実際トップビルダーたちは皆、このように今の**自分のカラダの状況に対して因果関係を見つめています**。大野選手の場合は、長年積み重ねてきた鍛錬により、自分のカラダのわずかな変化をすぐさまキャッチする敏感さをもち合わせていたからこそ、**結果を引き寄せるためのアプローチ**ができたのです。

気づきを得るためにはそれなりの経験、つまりは時間が必要です。なので、トレーニング経験が浅い、あるいは細かなところまで意識が届かないまま続けてきた中上級者には、実感を得るのはなかなか難しいかもしれません。

しかし、**実感がないからといって因果関係が存在しないというわけではありません**。

よくカラダづくりの基本は「運動・栄養（食事）・休養（睡眠）」の3本柱といわれます

が、まさにそれ。みなさんのカラダのなかでも、**運動だけでなく栄養と休養によるところの変化が必ず起こっている**のです。

普段は、そこまで気を回す余裕はないかもしれませんが「それでもカラダが変わらない！」と嘆くようなら、栄養と休養に目を向けてみるといいでしょう。

カラダにいい影響を与えるものを食べ、いつまでもダラダラと起きているのではなく潔く睡眠をとる。そういったところで差をつけていくのも、ひとつの手です。

注意点としては「いい影響」という言葉に、とらわれすぎないようにすること。たとえば「トレーニングのガソリンは炭水化物だから」と糖質ばかりを摂取する。すると、すべての栄養素は必要なものですから、何かしらが必ず足りなくなるのです。

糖質といっても、和菓子を食べるのか、塩おにぎりを食べるのかでも変わってきます。**なるべくバランスよくいいものを食べる。そのうえで質を選んでいきます**。米ひとつとっても食物繊維の多いものから少ないものまで存在します。トレーニング中の動きやすさを考えたら食物繊維の含有量が多ければいいというわけでもありません。

無敵ポイント

誰にでも「栄養と休養」によるカラダの変化が起こっている

消化吸収の第一歩「咀嚼」を見直せ

どのような理論も、万人に対して最適とはいい切れません。なので、いろいろな角度からものを見ていく必要があります。ここでは**「何を食べたか」の先にある「どう食べたか」**に着目していこうと思います。

「どう」というのは、調理法や調味という意味ではなく**「いかに嚙んで食べたか」**ということ。**食べ物を口に入れた後の「咀嚼」**です。

「よく嚙んで食べなさい」

この言葉をいわれたことが一度もないという人は、おそらくいないのではないでしょうか。かくいう私も、二人の子どもたちに繰り返し声をかけています。

では、**なぜよく嚙んで食べなくてはいけないのでしょう**か。それを理解するためには、いったん「食事をする目的」に戻る必要があります。

この本を読んでいるみなさんであれば、おそらく**「筋肉を大きく育てるために必要と**

なる十分な栄養を摂取するため」といったパーフェクトアンサーを返してくださることでしょう。確かにそうです。

では、次の質問です。栄養の摂取は、どのようにして行われているのでしょうか。

「食べ物を口のなかで嚙み砕き、そこから栄養を消化して吸収していく」。大正解です。

では、最後の質問です。質問というより、確認といえるでしょうか。その「消化吸収」は、カラダのなかでどのような流れをもって行われているのでしょうか。

答えはすでに書いていますが、改めて。

「消化吸収」とは、食べ物が十分に消化され、含まれていた栄養素が体内に吸収されるまでの一連の流れを指した言葉です。消化が行われるのは体外（口から小腸）で、小腸から体内に取り込まれた栄養素が、血液の流れに乗ることを吸収と表現しています。

吸収された栄養素は、血流に乗って全身の各臓器にデリバリーされます。つまり消化吸収とは、すでにみなさんにお答えいただいているように、食事を通して取り込んだ栄養素を、筋肉に送り届けてさらなる成長を促すための大切なプロセスというわけです。

そのなかにおいて、**咀嚼は消化の第一歩**となります。

咀嚼が担う役割は、口より先に固形物を送り込むためにサイズダウンすることだけではありません。食べ物を小さく砕くことで表面積を増やして、唾液や胃腸のなかにある消化酵素と混ざりやすくして、消化酵素の働きを最大化するためでもあるのです。

咀嚼を繰り返し行うことで、口のなかは「刺激」であふれかえります。その刺激が神経に作用して、摂食亢進ホルモン「グレリン」が減少、反対に摂食抑制ホルモン「GLP－1」「PYY」「コレシストキニン」が増大するともいわれているのです。

つまり、しっかり「噛む」ということだけでも、食事量をモニタリングすることができるようになっているということです。

また、**同じものを食べてもよく噛んだほうが痩せやすくなる**、という見解もあるのはご存じでしょうか。よくいわれる満腹中枢が刺激され……というのとは異なる話です。

トレーニング経験者であれば「特異動的作用」あるいは「食事誘発性熱産生」という言葉を耳にしたことがあるでしょう。知らない人は……食後に体温の高まりを感じて熱くなる、あれです。食後にはカラダのエネルギー消費量が増えるのです。

たくさん噛むことによってエネルギー消費量が増えた、とする研究結果がありました。たくさん咀嚼するよう留意したグループと、留意しないグループとにわけて実験をした結果、たくさん咀嚼することに留意したグループのほうが、食後の特異動的作用

（食事誘発性熱産生）が高まったというデータです。**噛むことによる口内への刺激が交感神経に伝わって、褐色脂肪細胞のエネルギー消費を促すため**と考えられています。

あくまで私の予測ですが、おそらく「噛む」という行為、および刺激は、カラダにとっては「エネルギーが入ってきている」という情報に近いのではないでしょうか。だから、カラダは熱を出して、さまざまな生理機能を活性化しようとする。平たくいえば、同じものを食べてもよく噛んだほうが、痩せやすくなるということです。

1日3食すべての食事で「よく噛む」ことを1年間、実践すると1万6425キロカロリー（体脂肪約2キロ分）を消費するというデータもあります。1年間で2キロなら、減量幅6キロの私は、今から3年間よく噛み続ければ勝手にカラダが仕上がるという計算になります。

消化酵素の効果を最大化する、口内で消化を始める、食べすぎを抑制する、特異動的作用を高める。

咀嚼が秘めたるパワー、侮るなかれ！　です。

無敵ポイント

「噛むほどカラダが仕上がる」は、筋肉都市伝説ではない

上手な「オフ」が努力による成果を伸ばす

カラダを変える食事術について考えるとき「食べる」ことばかりではなく、たまには「食べない」ことに目を向けるのも、戦略のひとつであると考えます。

私たちは常に、タンパク質を摂り続けています。一方で、その**消化吸収のために都度、働いているのは胃腸**をはじめとした内臓です。

筋肥大に向けた取り組みのなかでも、筋肉の成長を促すための回復は重要視されています。そのため、多くの人が週1～2回のオフを設けています。しかし、栄養補給は365日休むことなく続きます。

ボディメイクの過程において、筋肉以外に与えられるオフは、ないのでしょうか。

ボディメイクを進めるにあたって必要なオフとは何か、考えてみましょう。まずは、先ほども触れましたが、**筋肉に対するオフ**です。それから、消化器系を中心とした**内臓に対するオフ**。そして、筋肉も内臓も含め、カラダのすべてをコントロールしている**神**

経系統に対するオフ。この3つが考えられます。

いずれも**「使わない」ことが一番のリカバリー**です。なので、筋肉はトレーニングをしないことで、回復を促します。マッサージやストレッチでこわばりをほぐすことも、血流を上げて回復を図る有効な手段でしょう。

次に内臓は、まったく使わないという選択が難しいです。そのなかでもできることといえば、週に1、2回はタンパク質の摂取量を抑える、サプリメントを飲まない日を作る、休肝日を作る。ちょっとしたことを積み重ねるだけでも、回復につながります。

神経系統は、司る筋肉と内臓とを使わないようにすることで自然と休まります。しかし、筋肉・内臓を使わないようにするだけでなく、視聴覚というセンサーからの刺激とタスクを減らすことで、ようやく神経系統は休めます。

睡眠はさまざまなセンサーのスイッチを切って、センサーからの情報をいつも処理している神経系統を回復させる大切な時間なのです。できる限りリラックスできる環境を整えて**「何もしない」をする**時間を確保すればいいのです。

無敵ポイント

さらなる成長を望むなら、内臓と神経系統にも「オフ」の概念を

364／365のトレーニングと18／24の食事で見えたもの

トレーニングをすることで筋肉に与える負担、タンパク質を多く摂取することで消化器系に与える負担、有酸素運動を取り入れることで心臓に与える負担、それらすべてを司る神経に与える負担……。**カラダを変えるということは、カラダそのものに何かしらの負担を与える**ということです。なので、肉体改造に長期的に取り組む場合、どこかで必ず休ませていかないと破綻してしまいます。ただ、頑張る人ほど休むことができません。**一生懸命であればあるほど、休むことが怖くなる**ものです。

実は、私自身がそうでした。特に２０１７年のシーズンは、１年３６５日のうち３６４日間トレーニングをし続けました。残る１日は元日でも、リカバリーのためのオフでもなく、出場した日本ボディビル選手権の日です。鶏むね肉を１日７回、18時間食べ続けたのも同シーズン。結果は……全然ダメでした。

生活そのものをボディビルにする、ということに挑戦したこと自体はとてもよかったのですが、そこで1日でもオフを入れていたらもっと伸びたのかもしれない、と後になって思いました。**そう、なかなか思い切れなかった休養をとる、ということの大切さを身を以て知ることができた**というわけです。

それを受けて、2018年のシーズンはオフを取り入れ、しっかり調子を整えながら臨むことができたわけですから、やはり経験とは何にも代えられない宝物です。

トライをして、エラーを出す。それを繰り返すことでしか、自分のポテンシャルを最大限に引き出すことはできません。

もしも今、休むことに不安を覚えているのなら、こういった経験を踏まえて情報を発信している私のことを思い出してください。

経験は自分のものでしかありませんから「そういわれても、私にオフは不要」と考える人もいるでしょう。それならそれで、**意思をもって限界に挑んでみればいいと思います。そこから見えてくることが、必ずある**はずです。ただ、迷いなく結果にたどり着きたいのなら、オンとオフを区切って取り組むほうが間違いはないです。

無敵ポイント
休むのは怖い。でも、休め

ストレッチやほぐしを取り入れ体脂肪内の「血流」を改善

オフとは少し異なりますが、トレーニングと並行して**ストレッチやほぐし**を取り入れているでしょうか？

するとしないでは、カラダの仕上がりに大きな差が出てくるほか、**筋肉だけでなく血管に対してもほどよくケアができる**ようになります。

血管の収縮・拡張をコントロールしているのは自律神経です。しかし、ストレッチやほぐしを取り入れることで、血管自体が伸ばされ、ゆるみます。

ストレッチは、筋肉をその走行に従って伸ばす作業です。血管もそれに従い伸ばされます。一方、ツールを使うなどして押しほぐしていく作業も、ストレッチとは異なる方向になりますが筋肉を伸ばしていくことになります。血管もそれに従ってほぐされ、伸ばされます。

よくストレッチだけやっておけば十分だ、という人もいるのですが、押したりほぐしたりすることで、ストレッチとは異なる方向まで、まんべんなく筋肉を伸ばし、ほぐすことができるので、私は並行して行うことが大事だと思っています。

まんべんなくほぐすことで、カラダの隅々まで血流が改善。するとトレーニングで筋肉を使ったときにも余すところがないくらい、全身を血がめぐることになります。逆にいうと、どこかに血流の滞りが発生していると、運動から得られる効果に損失があるということです。

なお、特に「押しほぐす」という行為は、筋肉に対して行っていたとしても、その手前にある脂肪も必ず一緒に押しほぐされます。**ほぐされた脂肪は内部の血流が改善され、体脂肪の落ちがよくなると考えられる**のです。エステなどの揉むと痩せやすくなる、というのはこのためかもしれません。

もちろん血流が改善することで、栄養素の運びもよくなりますから筋肉の発達も促されることになるのでしょう。そのような利点を理解しているので、**毎日セルフストレッチ&フォームローラーを使ったほぐし→ストレッチを30分は行うよう**心がけています。

無敵ポイント

ストレッチだけではもったいない！ ほぐしの効果も絶大だ

パーツを定めた除脂肪スキルをもて

運動生理学やスポーツ科学の世界では肌寒い環境のほうがエネルギー消費量が多く、痩せやすいといわれます。しかし、私たちボディビルダーの意見は真逆です。**暖かい環境のほうが除脂肪の効率が上がり、自然に絞れる**といいます。

なぜ、このように意見がわかれるのか。少し考えていきたいと思います。

まずカラダが冷えると、血管が縮こまります。その状況下で、外界と接する皮下脂肪にまで血流を促すと余計に熱が奪われてカラダがさらに冷えてしまいます。そのため**皮下脂肪を断熱材ととらえて、カラダの内部に熱をこもらせる**ように働くのです。

寒くなると筋肉が収縮して震えたり、鳥肌が立ったりします。全身の筋肉を一気に使って熱を起こすための現象なのです。鼻腔を刺激しておこる反射以外で寒さでくしゃみが出るのも同じことで、普段自分の意識でコントロールできない不随意筋まで駆使するくしゃみは、瞬間的にかなりの熱を生むと考えられます。

しかし、それだけで落ちていく脂肪は内臓脂肪など元々、血のめぐりがいい部分にあるものに偏ります。

ただ「太っている」状態から、ただ「痩せた」状態へという、いわゆる体重を落とすダイエットが目的ならそれだけでもある程度の効果は出てくるでしょう。そこが、ボディメイクとは異なる部分です。

私たちの除脂肪では、カラダ全体からまんべんなく体脂肪を減らす……というのはもちろんのこと、さらに、落としたいところにある体脂肪を狙って削ぎ落とし、筋肉のカタチを浮き上がらせることが必要になってきます。

これを叶えるためには何をしたらよいのかというと、**落としたい体脂肪の血流を増やして燃焼を促す**というアプローチ。つまりは、カラダを冷やすよりも温めるということです。

このような観点からも、**血流を促すためのほぐしケアは、やはり積極的に取り入れるべき**です。

「なかなか落ちない」という実感がある頑固な脂肪ほど、十分に血が通っておらず少し冷えている印象があります。そう感じる場所は、人それぞれ違うと思いますが、思い当たる節があるならばよく揉みほぐしたほうがいいし、冷やさないほうがいいでしょう。
つきやすいおなかまわりの脂肪の燃焼を進めるために、冬はもちろん夏であっても薄手の腹巻きを必ず着けて生活をしているという人もいます。

特に夏は、冷房などにさらされて、知らぬ間にカラダが冷えてしまうこともよくあります。ほぐしにプラスして、衣類を調整することで、さらなる効果を期待できるようになります。これは男性であっても、使える手だと思っています。

余談ですが、このように考えていくとビルダーが旅行をするとしたら南国一択でしょう。そして、もしも行くならば**「とりたいところの脂肪をほぐしてから行きなさい」**を格言として、頭の隅においてもらいたいくらいです。

ほぐしておけば海で遊んでいるうちに自然とカラダが仕上がってくるかも……なんていう甘い期待を抱きつつ、ほぐしケアもプラスしながら今日もトレーニングに勤しみましょう！

無敵ポイント

男性だって、脂肪を落としたいパーツは極力冷やさないように

普通のことを積み上げてこそとんでもない景色が見える

トレーニングの世界に限らず、研究とは日進月歩の世界です。新たなメソッドが出るたびに、効果の裏づけとしてさまざまな研究結果が紹介されます。まるで、決定的証拠のような扱いで論文が登場することもしばしば。

しかし、**論文というものはひとつの研究を文章化したもの**にすぎません。つまり「このような可能性がある」という主張でしかなく、**論文が存在するからといって、その内容が真実であると信じ込んでしまうのは、危険**です。

特に、日本語の論文には注意が必要。質の高い研究の結果は、研究者にとっても宝となるため、世界的に認知を広げるために英語の論文としてまとめるはずです。

では、英語で書かれている論文なら信用性は高いのかというと、そういうわけではありません。論文を掲載する雑誌は、世界中に数えきれないほどありますから、掲載誌のレベルがどの程度のものなのかを見ていく必要があります。

そして、そういった論文は次から次へと発表されます。このように最新レベルの研究というのは、どれだけ結果を裏づけるデータがあったとしても、一般の方にとってはその「質」がわかりにくいため、判断がとても難しくなります。

では、私たちは**何を信じればいいのかというと、やはり「大原則」**といわれるものなのです。何回繰り返し研究を行っても、誰が先導して研究をしても、必ず同じような結果が出る。その過程を経て真実として認知され、教科書化されたもの。それこそが大原則であります。

最先端のメソッドは「最先端」である限り、大原則にプラスアルファされる要素にしかなりません。何をしてもカラダが変わらないから！　教科書は古い！　と手当たり次第、最新のトレーニングメソッドにばかり手を伸ばすより、とにかく一度、腰を据えて大原則に立ち返ってみることのほうが、圧倒的に効果的です。

リオデジャネイロオリンピックの後も、あらゆるところで「どのようなトレーニングを指導したのか」と聞かれました。私たちが選手たちに伝えたことは、大原則にすぎません。あとは彼らが愚直なまでに、大原則に則った「普通のこと」をやり込んだ。**超基本的なことを、地道に積み上げたからこそ、とんでもない景色を見ることができた**のです。

普通のことを続けるって、実は誰にでもできることではないはずです。続けるうちに欲が出て「よりよい」という都合のいい言葉に、どうしても目が眩んでしまいます。

特に、最近はＳＮＳで、上澄み的な情報が大量に飛び交っていますから、惑わされることも多いのではないでしょうか。

それが原因で、本来やらなくてはならないはずの基本がおろそかになっていきがちなのではないでしょうか。

しかし、リオオリンピックの柔道選手たちのエピソードのように、「普通」のことでも圧倒的に積み上げることで「特別」になるということがわかったら……どうでしょうか。もうちょっと、続けてみようかな、という気持ちになりませんか？

エビデンス、という言葉に飲み込まれないでください。そして、さまざまな情報に踊らされないでください。

普通のことを、普通に続ける。その先に、肉体改造の成功が待っています。

無敵ポイント
「大原則」に例外なし

高精度のトレーニングとは「筋肉と脂肪へのピンポイント攻撃」

「筋肉の使い方」と聞くと、筋肥大に向けた話と思われがちですが、実は除脂肪にも通じてきます。この本の目的は「食べて絞る」ための方法をお伝えすることにありますが、ただ食べるだけで自然と絞れるわけがありません。**食べて絞るというのは、実際には「食べて、カラダを動かして、絞る」**ということ。

きちんと食べることで「よいトレーニング」ができるようになるからカラダが絞れていくということが大前提です。

「よいトレーニング」とは何なのかというと、ひとつは**筋肉が発達するという側面**であり、もうひとつは**体脂肪が落ちるという側面**があります。

体脂肪を落とすためには「摂取カロリーよりも消費カロリーを増やす」という条件がついてまわります。ただし、これは全身を俯瞰で見たときの話です。

パーツごとに見ていくと**「よく使っている筋肉のまわりには、脂肪がのらない」**という考えのほうが当てはまっていきます。気になる部位がある一方、あまり問題を感じない部位があるのはまさにそれです。これを解決するためには**特定の筋肉をうまく使うテクニック**が必要になってきます。

これは、筋肉に対して適切に負荷をかけて、その筋肉を動かしてしまう技術といい換えることができますから、筋肉を発達させるためにも有効に働きます。

つまり、**うまく効かす（動かす）ことができるパーツの筋肉は大きくなるし、脂肪も落ちるという、いいことづくめの状態に**。

反対にうまく効かす（動かす）ことができないパーツの筋肉は大きくならないし、脂肪も落ちないという、踏んだり蹴ったりの状態に陥ります。

トレーニングを熱心にやっている人たちは多くても、そのなかでパーフェクトに鍛え上げられている人が少ない。

それだけ全身くまなく「よいトレーニング」を実現させることは難しいということです。

「背中のトレーニング」という括りにおいても、下に引く動作があったり、後ろに引く動作があったり……。種目が違えばカラダの使い方も異なるわけで、使い方が変われば、使われる筋肉も変わってきます。

だから、全身くまなく鍛え上げられていない人には、何かの種目を疎かにしていたり、何かの種目が苦手な人が多いのです。先ほども書きましたが、うまく**動かすことのできないパーツは発達もしないいし、体脂肪も落ちません**。

このような考え方があるということも、忘れないでほしいです。減量には、エネルギー収支という全身を俯瞰したときの大原則のほかに、パーツそのものをしっかりと使えているか否かという観点があるのです。

特定の筋肉を使っていくと、そこに血管が浮かび上がるようになります。パンプアップして太い血管が存在感を増すのですが、それこそ血流が増えている証拠以外の何ものでもありません。

筋肉がエネルギーを使い、血流が増えると、体脂肪は必然的に使われます。睡眠とほぐしやストレッチで血管をしっかりケアして、バランスのよい食事を徹底して血流を増やし、さらに血液性状をどんなに高めたとしても、結局は、**筋肉をうまく使うことができなかったら、効果は得にくいのです**。

全身のトレーニングを上手にしていくこと。満遍なく行うという意味ではなく、苦手種目を中心に動作スキルを高めていくことへの取り組みも、体脂肪除去にはとても大切なことになってくるのです。

消費エネルギーを稼ぐために、闇雲でもいいからとにかくたくさんカラダを動かす、というのも、もちろんひとつの手です。しかし、賢い方法ではないです。

狙ったパーツの脂肪を落とすことができない、狙ったパーツの筋肉をつけられないということは、望むカタチのカラダになれないということです。そのまま今のトレーニングを続けても、いつまで経っても理想のカラダにはたどり着けないでしょう。

食事術を取り入れると同時に、トレーニングに関してはパーツに意識を集中させて、狙った筋肉に負荷をのせ、その部位に疲労を起こさせる動作ができていることを大前提として取り組む必要があります。

どんなに一生懸命トレーニングをしても、終えた後に一番疲れていたのが心臓だとしたら……まったく意味がありません。**狙った部分に疲れを感じるか、鍛えるべき筋肉が熱くなるか、体脂肪を落としたいところがパンプアップしてくるか。**

このような感覚を頼りにして、精度の高いトレーニングをすることが、**血管を広げて、血流を増やし、エネルギーを集中させて体脂肪を取り去る技術**となってきます。

目には見えないレベルの血管も広がって、血管の新生が起こって細かなところまで血液が行き渡るようになるでしょう。そうなったら、もう余計な脂肪はつきにくくなります。

実際、私も5年間ボディビル競技を続けてきて、前年「ここの体脂肪を落としたい」と思っていたパーツが、翌年には気にならなくなっていることを実感した経験が何度かあります。

いうなれば、**筋肉と脂肪へのピンポイント攻撃**。80キロの人でも70キロの人でも、体重に変化がなかったとしても、筋肉のつき方が変わり（筋肉の住所変更）、気になる部分の脂肪がなくなれば、カラダに対する印象が、かなり変わって見えるのです。そして、それを実現できるのは「カラダの使い方」に着目をした「精度の高いトレーニング」のみ。

脂肪を落とすのは食事、筋肉を鍛えるのはトレーニング、とボディメイクの目的ごとに方法を決めつけたがる傾向にあります。しかし、除脂肪を進めるうえでもトレーニングスキルが役に立つことがわかった今日からは、いついかなるときであっても、筋肉を鍛え上げるためのスキルアップを求めていきましょう。

無敵ポイント

筋肉に問え。「疲れているのか、それとも、まだいけるのか」

トレ中のサプリ摂取を再考すると直後の食事が、最高に旨くなる

第3章に、私が今飲んでいるサプリメントをまとめました。そこでも触れていますが、**トレ中の補給にカーボ（炭水化物）ドリンクなどは用いません**。そもそもトレ中にカーボを摂る目的は、集中力とスタミナの持続です。私の場合、2時間のトレーニングではどちらも切れる感じがしないので、**余計なカロリーを摂らないため**、飲みません。

また、トレーニング直後（私の場合は、終了15分前）のプロテインに20～30グラムのカーボを混ぜるという方法もあります。それは、タンパク質を摂取することによるインスリン分泌の効果でアミノ酸の取り込みをよくするために行います。

しかし、それも私は実行しません（正確には、実行しない期間が圧倒的に多いです。変化をつけるために摂ることもあります）。空腹がおきにくく、トレーニング後の食事に対して「食べなくていいかも」というスタンスになってしまうからです。

全体のバランスを考えたときに**「飯が旨い！」という状態を作りたい**。トレーニング

中にカーボを摂ってしまうと、それが崩れてしまうので不要という結論を出しました。

今でこそ「サプリメントは不足分の補給」という考えですが、ボディビルを始めた当初は、ボディメイクに関して引き算的な手法を覚える前だったので、できることはすべてやっていました。トレ中のカーボを摂って、トレ後の食事も無理やり摂っていた。ほかにも、トレ前のサプリをたくさん飲んでいました。パンプ系の海外サプリを試していた時期もありますが、ずっと調子はよくなかったです。

この経験を踏まえて、たどり着いたのが「食事をおいしくいただくこと」です。**旨い！　と思って摂る食事と、カラダのために……とイヤイヤながら摂る食事とでは、唾液も胃液も分泌量が異なり、体内での消化吸収の度合いが違う**と感じたからです。

なので、トレ中にカーボを摂っても食事が旨い！　のなら、摂ってもいいのではないでしょうか。もしくは、トレーニングから食事までの間が長く空いてしまう場合（そうなりそうなら、トレーニングをしないほうがいいのでは、とも思いますが）。

「インスリンを分泌させることが、筋肥大には大事だ」。そのような理論があるからこそ、トレ中カーボ摂取の話が出てくるわけですが、インスリンの分泌は成長ホルモンを抑制するともいわれています。そこに関しても、質問を受けることがあります。

「インスリン分泌と成長ホルモン分泌、どちらを優先すべきなのですか？」と。

それに関していえることは、インスリンを経由して筋肉が大きくなるメカニズムと、成長ホルモンを経由して筋肉が大きくなるメカニズムは別だということ。

どちらか一方の道が通れなくなったとしても、もう一方の道が通れれば目的地には到着できますよね。

ひとつの道しか選ばない！　と、はじめから決めつけるのではなく、ふたつの道のどちらも通れるように準備をするのが、正解ではないでしょうか。ただし最近では、成長ホルモンによる筋肥大にはそれほど期待できない、というデータも出てきています。

いずれにせよ、私がトレ中にカーボを摂らないのは、成長ホルモンによる作用を期待してインスリンの分泌を抑えるためではありません。ただ「飯が旨い！」という状況を作るほうが、有効だと感じているからです。

やはり、**運動後の食事をおいしく食べられるのは最高**ですし、余計なストレスが溜まりません。これが普通の生活でもボディメイクができる「鍵」と考えています。

無敵ポイント

ボディメイク成功の鍵は、トレ後の食事をどう「エンタメ」に昇華させるか

「0か100」かの勝負より「1でも2でも稼ぐ」精神を

世の中に情報が発信されるときというのは、極端に偏った形になることがあります。

昭和の終わりから平成初頭にかけてはゴリゴリの男性がピックアップされて、生卵でドリンクを作る、ツナ缶を持ち歩くといったキャッチーさがウリになっていました。

また最近ではフィットネスがブームにあり、さまざまな趣旨の大会が開催されるようになり、若い女性も多く競技に出場するようになりました。

そのため若くて綺麗な女性が、激しくトレーニングをして節制しまくりの食事内容（鶏むね肉を味なしで、炭水化物はすべてカットし毎日同じものばかりを食べ続ける）など、一般の方が驚きから興味をもつような意外性の部分にスポットをあてた、極端な例を紹介することがしばしばあります。

イメージがあまりに強烈であるがゆえに、目にした人が「いいカラダを作ろう」とか「痩せて綺麗になろう」と思ったときに、**極端な例であることに気づかずロールモデル**

的な扱いをしてしまいがちです。

トレーニングを始めようとしたときに正しい知識やよりよい情報を求めて専門誌を購入し、トップビルダーの取り組みをそっくりそのまま真似するのも同じこと。

その情報の多くが彼・彼女らが10年ないしは20年かけて導き出した「あと、ここだけを強くしたい！」という想いを叶えるために組み立てられた特殊なプログラムです。

レディネス（準備）が整っていない段階の一般レベルのトレーニーが「来年挑戦する大会で勝てるように」と、そのまま取り入れたとしても、うまくいくわけがありません。そもそもトレーニングの目的が違います。

来年挑戦するのなら、今はまだ根本的な部分でカラダを大きく育てていかなければならない時期。**トップ選手が気にかける、樹でいうなら枝葉の部分に着手したところで、強く風が吹いたらすぐに倒れてしまうような見せかけの樹にしかなりません**。

そもそもカラダ作りに関して未熟な段階で、カラダの動きや食事の管理を実際のトレーニング、および生活のなかで忠実に再現できているのかについても疑問が残ります。

トップ選手の場合、たとえ極端なことをやったとしても、レディネスが整っているからその都度、自分のカラダの反応を敏感にキャッチしていています。そのうえで、とるべき対応策をとりながら安全かつ効果的にボディメイクを進めていきます。

そのような背景に考えをおよばせることができない状態で、**同じことを噛み砕かずにやったとしても、本来得られるはずの効果は出てこない**ということです。

私もメディアでは、自分の取り組みとして「ひたすら鶏むね肉を食べる」という手法を紹介することがあります。しかし、それを聞いてトライしようとしても、おそらくほとんどの人が日常生活レベルまで落とし込む前に限界を迎えてしまうでしょう。

誤解なきよう補足しておくと、雑誌などメディアを通じて発信されている情報を参考にしてはいけないといっているのではありません。

自分のレディネスがどこまで整っているのかによって、参考にすべきものは変わってくるということをいいたいのです。

では、情報とどのようにして付き合っていくべきなのでしょうか。

私の考えでは、各段階のレディネスが整うまでは、トップ選手が発信していることに対して「ものすごいカラダになる人は、これくらいのことをしているのか！」という程度で留めること。そして、自分がそこにたどり着くために、今は何をするべきかを考え抜くことです。

根本的なカラダ作りには、どうしても地味な印象がつきまといます。

なので、**よりよい情報を求めたくなる気持ちはわかるのですが、はじめのうちは地味なものをひとつずつ自分の課題としてこなしていくくらいのほうが、変化や成長を実感しながら無理なく1歩ずつ進んでいくことができます。**

1日3食のタイミングを整える。栄養素のバランスを計算する。間食をプラスする。トレーニング後のプロテイン摂取を始める……。

この本で提唱したさまざまな取り組みを、一度にすべてやってみることで得られる効果が100だとしたら、基礎中の基礎と思われることをひとつずつ実践したところで得られる効果は1か2くらいかもしれません。

だとしても、**1をコツコツ積み重ねれば、いつか必ず100になります。**はじめから100をとりにいって挫折をし、結果0となるよりどれだけいいか。

本質的なボディメイクにスピード感は不要です。一度、深呼吸をして自分の心に「どうなりたいのか」と問いかけてみてください。

無敵ポイント

本質的なボディメイクにスピードは不要。成長を実感できることが最も大事

今、すべきなのは除脂肪か筋肥大か

「カラダが全然、変わらないんです」と嘆く人のなかには、時々**「今、自分のカラダをどうしようとしているのか」が、見えなくなってしまっている人**がいます。

「いいカラダ」の条件を細分化していくと「無駄な脂肪がない」「筋肉が発達している」「それぞれの筋肉のカタチがいい」というような要素によって成り立っていることがわかります。

カラダ作りの本質を理解しないままに、ただ「今日から俺はいいカラダを作る！」と張り切って始めてしまうと、脂肪を落とさないといけないし、筋肉を育てないといけないし、それぞれのデザインもしていかなければいけないし……と、マルチタスク状態に陥って、そのままタスクに溺れてしまうのです。

なので、今一度、自分自身に問いかけましょう。

今、自分がすべきことは、体脂肪を削ることなのか。それとも、筋肉を大きく成長さ

せることなのか。それらは互いにトレードオフの関係になりやすいので、まずはどちらが第一優先事項となるのか、ハッキリさせておく必要があります。

ここまで十分に時間をかけて筋肉を育ててきたという実感があるのなら、体脂肪を削ることでいいカラダは手に入ります。削りながら、出てきたカットを見て、そこからデザインを決めていくこともできるようになるでしょう。

まだまだ筋肉を大きくしたいというのであれば、多少の脂肪がのることも受け入れて栄養をガンガン入れてトレーニング強度を上げていくしかありません。

どちらを選ぶかの判断を下すための助けになるかどうかはわかりませんが、**筋肥大の最終形態は、お相撲さんのカラダ**です。しかし、みなさんがなりたいカラダはおそらくお相撲さんのスタイルではないと思うので（私はお相撲さんの比類なき肉体をリスペクトしています）、その先には、必ず除脂肪と向かい合う日がやってきます。

脂肪を剥ぎとった後、どれだけの筋肉を残しておけるかは未知数です。ただ一時的に筋肉を最大化することは、できるということです。

また**「体脂肪を落とす」という行為には、得意不得意が出やすい**と感じています。得意な人であれば、どれだけ増量していたとしてもストレスなく脂肪を削ぎ落とし、なおかつ筋肉も綺麗に残すことができます。しかし不得意だった場合、カタボリックな状態に陥り、せっかく育てた筋肉を必要以上に落としてしまう恐れがあります。

減量をするということだけでもストレスになりやすいのに、筋肉まで落ちてしまったらどんなに努力をしても結局、いいカラダにはなれません。

そうなると、もうただひたすらに自分が苦しいだけなので、いくら筋肉をつけるためだとしても、あまり体脂肪を増やしすぎないほうがいいでしょう。

どちらを先にするほうがいいですか？ と聞かれることは、しょっちゅうです。でも、それに対する答えは、どこにもありません。

どうにも決めきれないのなら、はじめのうちは両立でもいいのかもしれませんが、**同時に取り組むと体脂肪除去の効果も筋肉を肥大させる効果も、どちらも下がり気味になってしまうということは知っておいてほしい**です。

しかし、それでも長期間継続することで、少しずつ理想に近づいていくことは間違いではありません。

無敵ポイント

あなたのカラダ作りは、マルチタスク状態になっていないだろうか

第6章

chapter 6

食事で変わる
筋トレと
人生の質

食事が整うとあなたにさまざまな恩恵がある。
進化を実感できるから、メンタルが安定する。
エネルギーと時間のマネジメント能力が高まる。
無駄がなくなり、上質な睡眠を確保できるようになる。
いい食事、いいトレーニングは、ときに心を救ってくれる。
要は「筋トレ食」で、総合的な人間力が底上げされるのだ。

食事が整うと心と腸が、自然に整う

私は「何も進んでいない」という状況が非常に嫌いで、1ミリでも前に進んでいたいと常に思っています。その点、バランスのとれた食事を続けることができていると、目標に向かって、一歩ずつ着実に進んでいる感じがします。

毎食毎食、**飽きずに鶏むね肉を食べ続けるという行為は、1ミリを積み重ねていく作業であり、メンタル的にも安心**を得られます。

「今日はほかのものを食べる」と、決まっていればいいのですが、不意打ちで望まない食事を口にしなくてはいけない状況などになると、精神的にかなりきついです。

1週間に一般的には21回、私に至っては42回も行う食事を整えるということは、自分を作り整えるということと同じ。また、バランスのよい食事を心がけると食物繊維の摂取量が増えます。「食物繊維は腸内環境をよくする」というのはまぎれもない事実。つまり、**心と同時に腸の調子も整う**のです。

人間にとってすべての栄養素の入口は「腸」。腸の状態がよくなかったら、どんなにいいものを摂取しても体内には入らず、むしろよくないものが入っていってしまいます。

数年前から「脳腸相関」なんていう言葉も耳にするようになりましたが、以前から**腸は「第二の脳」と呼ばれ、神経系などを通じて脳と腸は互いに影響し合っている**とされてきました。たとえば、脳がストレスを感じると腸内環境が乱れ、その乱れがさらに不安やストレスを生む……というように。

ただ、**悪循環を生むということは、好循環に変えることができる**ということ。そのためにはまず、腸内環境を乱さないことが第一です。

たしかに、今年の減量は過去と比較してもストレスが少なかったです。これまでも腸内環境をよくしようと考えて、発酵食品を多く摂ったりオリゴ糖を摂取したり、試行錯誤してきたのですが、そのときはあまり大きな変化を感じることができませんでした。

そういったことも踏まえて、今の**私自身の実感としては、やはり食物繊維を積極的に摂ったことが効果を発揮**しているのだろうな、と思います。

無敵ポイント
1週間の食事を整えることは、自分を整えるのと同じこと

エネルギーと時間が管理できるようになる

食事を整えると、トレーニングだけでなく仕事のパフォーマンスも上がります。「腹が減っては戦はできぬ」的な経験は、みなさんもあるのではないでしょうか。

エネルギーが切れたときの思考能力、集中力の低下は甚だしく、逆にしっかりとバランスの整った食事を摂った後の仕事はキレが抜群です。

通常、食後は眠くなりがちですが、食事の前のトレーニングにより興奮状態にあるのか、アドレナリンが出ているのか、私はむしろ眠くなりません（これは個人的な感想ですが）。

それもあって、睡眠の質を確保するために以前は夜にしていたトレーニングを朝に切り替えたというのもあります。この関係を把握できると、**自分の脳がパワフルに動けるタイミングがわかるため、時間とエネルギーのマネジメント能力が高まり、生活の組み立てが上手に**なります。

特に私は食べたものの影響を受けやすいようで、そのおかげでかなりメリハリのある生活を続けることができるようになりました。

具体例として、私の「ある1日の行動パターン」をお伝えします。

毎日0時くらいには就寝。4、5時間、眠って起きます。おかげさまでさまざまな仕事をやらせてもらっていることもあり、少し睡眠時間が足りていませんが（6時間寝ると調子がよいです）、何とか保っています。起床後すぐにアミノ酸を摂取して、1時間程度の仕事をします。

その後食事を摂り、トレーニングへ。2時間のトレーニングを終えてリカバリーの食事をとって、大学へ。授業など仕事。3時間ほど経ったところで間食を挟み、もう一度3時間くらい仕事に集中。食事を摂って、試合前ならポージング練習などを行い（通常は仕事）、終了後にリカバリーの食事を摂って、再び数時間の仕事と就寝準備。もちろん毎日、この通りに行くわけではありませんが、一例です。

だとしても、このようにだいたい3時間間隔の栄養摂取とその間を埋めるようにスケジュールを組み立てていくと**ボディビルをしながら常人レベルの仕事時間を確保**できるわけです。

ついでにいうと「自分にはこの時間しかない」という意識が働くので、フルパワーで取り組むため、処理スピードがかなり上がります。

おかげで時間の使い方も上手になり、寝起きの1時間で、すぐにやらなくてはいけない仕事がないときには「もう一度やり直したい」と思った英語の勉強をしています。

減量末期に、英単語を学ぶ余裕。

そのようなプラスアルファの時間を手に入れることができるようになるとは、1年前までは私にも想像はつきませんでした。やり方次第で、人生＝トレーニングにならず、**人生に豊かさをプラスできる**のです。

無敵ポイント

「無敵の筋トレ食」により、英語を学ぶ時間とエネルギーまで確保！

しっくりいかない生活サイクル、改善の入り口は「睡眠」

英語の勉強を再開してしまう余裕をもたらしてくれるほど、そのときの私の行動パターンはとてもいいサイクルとなっていました。しかし、全員が全員、バッチリハマる生活サイクルでボディメイクに取り組めているとは限りません。

でも、この本を読んで「よし、生活サイクルの改善に取り組もう！」と思ったとしても、要素が多くて一体、何から始めたらよいのか迷うこともあると思います。

私の見解では、生活サイクル改善の入り口は睡眠にあると考えています。

質のよい睡眠を十分にとれていなければ、どのようなトレーニングをしても、どのような食事を摂っていたとしても、カラダ作りの質は低いままです。

何時間寝れば十分かは人によります。ショートスリーパーの人もいますし、7〜8時間は寝たいという人もいます。私は6時間寝ると十分な集中力を発揮できます。

目覚めたときに倦怠感がある、頭がボンヤリとする、活力が湧かない、というのは睡眠時間が不足している、あるいは質が悪い睡眠をとっている証拠といってよいでしょう。睡眠時間の調整ができないくらい多忙なのだとしたら、これを機に職を含むライフスタイルを見直すことも考えたほうがいいかもしれません。

ＳＮＳサーフィン、寝る前のスマホ……。もしも、そういったすべての時間を切り詰めても、睡眠が確保できないのであれば、改めて転職や引っ越しをおすすめします。

ここまでいうのは、それほどまでに**睡眠の充実を図ることがカラダ作りに与える影響が大きい**から。身を以て重要性を把握した今では、私は睡眠にかなり貪欲です。仕事を終え帰宅してから寝るまでのスピード、効率たるや。無駄なく床につきます。

ここにたどり着くまで、栄養摂取なりトレーニングの方法なりを詰めてきましたが、それはほかの多くの人たちも意識してきていることです。しかし、睡眠に関しては、まだ意識していない人が多いと思うのです。**上質な睡眠の確保は、精神面にも強く作用**します。心のブレがなくなると、それだけで活力が湧いてきます。つまるところ、私が英語の勉強を再開できたあの時期も、そこに起因していたのではないかと思うのです。

無敵ポイント

何よりも、質の高い睡眠時間確保せよ。食事もトレも、考えるのはその後だ

ピンチをチャンスに変換するポジティブ思考が育つ

肉体、精神、この両者のエネルギーと、時間を管理することによって、私は今、ボディビルや仕事に取り組むのに適したサイクルを手に入れることができています。そのように環境や心を整備することに成功した、というわけです。

せっかく手に入れた好循環。できることなら崩したくはありません。だからこそ自作弁当を持ち歩き、毎日でも同じものを食べ続けています。心と腸を整えるために、その食事の内容もしっかりバランスを整えて準備をしています。

しかし、**どんなに努力をしていても、想いが叶わぬこともある**わけです。

私のことをいえば、年に数回、柔道の国際大会に向けて数週間、異国の地に滞在することがあります。現地の環境は、必ずしも整っているわけではありません。

そうなると、現地で手に入るものでどうにか自分のカラダを管理するしかありません。

それでも仕事の合間を縫って、しっかりトレーニングさえできていれば、まだどうにかなる！　と望みをつないだとしても、場合によってはホテルに併設された本当にちょっとしたトレーニングエリアしか選択肢がない場合もあるわけです。

つい最近のことをいえば、ホテルとは別にジムを見つけたものの、そこに行くまでの道に数匹の野犬がいて、こちらを狙ってくるというまさかの状況。

さらには、必死の思いでジムにたどり着いたというのに「日本人が珍しい！」と次々声をかけられて、時間を吸い取られる始末。どうにかメニューをこなし帰ろうとすると、もちろん道には数匹の野犬……。

あまりに貴重すぎる体験を経て、帰国後の私のメンタルは、道に野犬がいないというだけですべてのことに感謝ができてしまう聖人君子級に到達しました。

少し話が逸れましたが、つまるところ、トレーニングを続けていくと、自然と人としての器も広がっていくということです。トレーニングや食事を継続するには、野犬はいないにしても何らかの困難を乗り越えていく必要があるわけですから。

多少のトラブルに遭遇しても、ネガティブ側面を受け止めながら、ポジティブ側面を伸ばしていけるようになりますし、**ピンチをピンチとしてとらえず、それを意識と行動でチャンスへと変換できる**ようになります。

よく脚のトレーニングはこのジム、胸のトレーニングはあのジム、といって部位によって使う施設を変える人がいます。

都度、環境を変えるということ自体を楽しむのはいいのですが、固執しすぎてしまうと、何かの拍子にできなくなってしまったときのショック、そしてストレスがものすごいことになってしまいます。

いつもと同じことができないなら、いつもならやらないこと、できないことをすればいいのです。新たな気づきを得たり、カラダの変化がおこる可能性を楽しんでください。

そもそも、ボディメイクにとって最も恐れるべきは刺激に対してカラダが「慣れ」てしまうことです。同じことを続けすぎて、カラダが慣れてしまったら、それはもう「刺激」とは呼べないのですから。

普段、脚トレをするジムで行う背中トレは、ベストの刺激とは違うかもしれないけれど、確実に新鮮な刺激にはなるはずです。そう**ポジティブに思考を切り替えることができたら、もうそれだけでトレーニングは成功したと思ってもいい**でしょう。

無敵ポイント
いかなる出来事も、カラダへの「刺激」と思えば乗り越えられる

人間的な「総合力」が想像以上に底上げされる

今年、私が「筋トレ」で意識して取り組んだものを振り返ってみます。

食事にはバランスを求めつつ、食物繊維による腸内環境の改善を試みた。オフを必ず入れて、カラダを休めるとともに家族や仲間との時間を大切にするようにした。エネルギーと時間の関係性に視点をおき、トレーニングと仕事のどちらにも効率のよいスケジュールを組み立てた。睡眠を大切にしたうえで、副産物的に生まれた時間を有効活用して、英語の勉強を再開できる余裕が持てた。

結果として、とても調子よくボディメイクを進めることができたというのはすでにお伝えしましたが、健康面、精神面、仕事面、生活環境、人間関係、**すべてにおいて人間的な総合力が底上げされた**ことに気づきます。それに伴い、さらなるトレーニングへの愛情、ボディメイクへの意欲も自然と湧き起こってくるのを感じました。

特に、メンタル面においては本当に安定してきます。

それは今年になってようやく、というわけではなく、トレーニングを始めた頃から少しずつ感じており、ボディビル競技を行うようになって確信へと変わりました。

以前から私を知る人たちからも、特に**ボディビルを始めてからは安定度に磨きがかかった**とありがたいお言葉をいただくほどです。

たしかに、自分のなかでもどのようなことがあっても動じなくなったというか、憤りを感じたりイライラしたりすることが、だいぶ少なくなったように感じています。

ストレスを感じると、さまざまな黒い感情がカラダの内側に溜まり、渦巻いていくような感覚になりますよね。その感覚のまま、じっと動かずにデスクワークなどをしていくと全身が真っ黒いものに支配されそうになります。

全力でトレーニングをすると、自分のなかにあるものをすべて発散することになります。聞けば、会社で感じたイライラをウエイトという鉄のかたまりにすべてぶつけるつもりでトレーニングをしているという人も、多いです。やはり私も、無意識のうちに発散しているのかもしれません。

健康面でいえば、睡眠をよくとることは血管ケアにもつながります。

活発に活動しているとき、優位になって働いているのが、自律神経の交感神経です。

交感神経が優位の状態にあると、血管は常に締めつけられているような状態にあります。睡眠をとるなどして副交感神経を優位にするタイミングを作らないと、狭く締めつけられた血管のなかに血液を通すために、血圧を上げた状態でいる必要が出てきます。血液のポンプ機関である心臓にも、大きな負担がかかります。

血管の収縮コントロールは自律神経によるもの。自律神経を休ませない限り、血管のケアというのは根本的にはできないのです。血液がドロドロであろうと、サラサラであろうと、血管が狭まっていたら意味がありません。だから、**睡眠不足で自律神経が休めない状態が続くと血管が詰まり、心筋梗塞、脳梗塞を引き起こしやすくなる**のです。

よく病気の原因として「ストレス」とあるのを見て「身も蓋もないことを……」と思うのですが、ストレスを抱えていると睡眠に悪影響をおよぼします。嫌なことを思い出して寝つきが悪くなる。それは間違いなく自律神経を休ませる機会を奪っているのです。

筋肉を育てるという面でも、血流に乗った栄養素のデリバリーが必要なわけで、**血液の通り道である血管を整備しておくことは、とても重要**となります。

無敵ポイント
ストレスを感じた今こそ、全力ボディメイクのチャンス

おわりに

▼冒険は誰でも怖いが好奇心をもって臨め

「はじめに」にも書きましたが、この1冊には、今ある私の（ほぼ）すべてが詰まっています。中心に据えているのは、自分自身のボディビル競技経験を通して学び得てきたことですが、こうして改めて振り返ってみると、私は根底の部分では、専門分野である骨格筋の研究を続けているのだなということに気づかされます。

もちろん大会に出場してよい成績をおさめたい、という気持ちもあります。しかし、実際に勝つためには、年間を通してさまざまな取り組みをしていく必要があり、それには絶対的な答えがないことを知っているため、毎年あれこれ工夫を凝らして「よりよい方法」を探っているのです。

よりよい方法を探るということは、昨年**うまくいった「答え」があったとしても、それに固執せず、前向きな気持ちで手放す**ということ。いってみれば、砂漠地帯でようやく見つけたオアシスに、自ら別れを告げて新たな冒険に出るようなものです。

「怖いから」「不安だから」といっても、いつまでもそこに居続けるわけにはいきません。**動かなければ、自分の未来は一向に広がっていきません**からね。

どうせいつかは旅立つしかないのなら、いっそのこと自ら、好奇心をもって飛び出そう。そのような想いで、私は日夜ボディビルに取り組んでいるのです。

本書を手にとってくださった皆さんのなかには、同じくボディビル競技に取り組んでいる人もいるでしょうし、大会には出ずにライフワークとしていいカラダを手に入れるべく毎日を積み重ねている人もいるでしょう。

競技に出場している人は、ボディメイクにおける目的がより明確です。いつまでに仕上げるという期日（私は「作品提出〆切」と呼んでいます）もあるため、シーズンごとの振り返りもできるし、反省を次に活かすための切り替えもしやすいと思います。次に時期がきたときは、ぜひ旅立つ勇気を。

ライフワークとしてボディメイクに取り組んでいる人は、ゴールのないマラソンを走っているわけですから、そのよさを活かして、もっと**ゆとりをもって**

トレーニングを楽しんでほしいなと思います。自分のカラダを評価するのは、自分自身。誰かの目を気にすることなど、ないのです。変化の先に失敗があったとしても、そこをゴールと決めている人は誰もいないのですから。

▼カラダは真っ白なキャンバス！　もっと自由に、筋肉を描け

私は、勤務先である日本体育大学でバーベルクラブを立ち上げ、現在も顧問を務めています。設立からたった3年ですが、部員数も、ボディビル系のコンテストに出場する学生も年々、増え続けています。

そのため実際のトレーニングに対して指導・助言するだけでなく、ポージングを見る機会もかなり増えてきました。そのなかで今年感じたことが、**カラダ作りに熱心になるがゆえに、ものすごく視野が狭くなってしまっている学生が多い**ということです。

そもそもポージングとは、自分で鍛え上げた筋肉を、よりよい状態で見せるために行うものです。その日は、数名の学生と私とでポージング練習をするな

かで、上腕二頭筋の見せ方に複数のパターンがあるという話をしていました。

一人の学生は「Aパターンのほうがよく見えるかもしれないけれど、僕はBパターンでやりたいんです」といいました。

それを見ていたもう一人の学生が「自分はAパターンのほうが好き」と発言すると、Bでやりたいといっていた学生が「じゃあAにします」と意見を変えたのです。

ちょっと待ってくれ、と思わず口を挟みました。**ボディビルダーとは、肉体の芸術家**です。芸術家なのに「マルはこう描け」といわれたら、その通りに描くのか？　と。

私たちのカラダは、真っ白いキャンバスも同然。そこに何を、どのように描こうと、本来はもっと自由なはずです。

学生たちは皆、とても真摯にボディメイクと向き合っています。しかし、ときに真面目さが裏目に出て、審査傾向から算出した「勝てそうなカラダ」「勝てそうな見せ方」にとらわれすぎたり、時代の流れに左右されすぎたりしてしまうことがあるのです。

ボディビルは競技ですから、もちろん勝つための策を練ることは大切です。でも、**忘れてほしくないのは、何のためにやっているのか**ということ。枝葉の部分では、応援してくれる人、支えてくれる人のために、という答えが返ってくるかもしれませんが、根本の部分では、誰もが自分自身のためにやっているはずです。

いいカラダには基準がないのだから、**もっと自由に、自分のなかに軸をおいて楽しみながらやってほしい**と、心から思っています。

▼「知らない」ことは実力不足のひとつである

1年目で苦しみ、2年目に失敗し、3年目は切り替えて、4年目にして気づき、5年目が限りなく答えに近いものにたどり着いた年となる――。

自分の食事を振り返り、客観視をしてみると、苦しみながらも年を重ねるごとに少しずつ進化および深化しているのだな、と改めて感じます。**失敗は成功**

のもというのは、ボディメイクに関しても絶対にいえることです。

第4章のなかで、私のボディビルヒストリーと合わせて食事の遍歴を振り返りました。そのなかで今年の競技結果について（第22回日本クラス別ボディビル選手権大会70キロ以下級）触れることができませんでしたので、最後にここで少しお話ししたいと思います。

減量に関しては、あらゆる角度から見て完璧でした。制限をかけるストレスもなく便秘もなく、除脂肪が停滞することもなく、毎食「おいしくいただく」を実践しながら当日を迎えることができました。

トレーニングの進みも、また仕事の状況もよく、最高の状態で迎えられるのははじめてのこと。当日朝もそれまでとまったく同じ時間に便通があり「今、やれることはすべてしてきたんだ」という実感が得られました。

同時に、今年自分が選んだ減量の道は間違っていなかったのだと自信が湧き起こってきました。緊張というよりも、ワクワクが止まらないままステージ裏へ……。しかし結果は3位止まりでした。

敗因は何か。減量食ではありません。仕上げたカラダの「魅せ方」です。カラーリングないし、水抜き・塩抜きの部分で「クラス別」という体重別カテゴリーにおける戦い方を、私はまだまだ熟知していなかったのです。**いくら減量が順調でいいカラダに仕上がったとしても、審査の場でよく魅せる術が整っていなければ、競技としては負ける**。改めて戦いの厳しさを目の当たりにしました。

トレーニングを進化させ、食事のバランスを整えることばかりに意識を向けすぎて、最後の最後、ステージ上で比較されることへのレディネスが整っていなかったということ。戦い方を知らなかった。つまりは私の実力が不足していたということ以外の何ものでもありません。

▼限界値は近くとも、繰り返すことで開ける道はある

大会出場を終えてすぐ、柔道の合宿で宮崎県の延岡に滞在をしていました。スケジュール的に自分のトレーニングを組み込むことは、ほぼ不可能。それ

でも食事は柔道選手を応援する地元の方々からのおいしい差し入れも含め、大充実という完璧なリバウンド環境に身をおきました。

トレーニングもできない、食事も自分で管理できない。カラダ作りを司る3輪のうち2輪が外れているような状況ですから、カラダの状態をコントロールすることをあきらめてしまってもおかしくはないわけです。

それこそ第5章の話と同じことで「0か100か」で考えて「もう0でいい」と見限ってしまいそうになりました。

それでも、ギリギリのところで持ち直し、**とにかく隙間時間を見つけては「歩く」ことを心がけてみたら、思っていたよりカラダをいい状態にキープできました**。今後のボディビル人生のことを考えても、とても大きな収穫だったと思っています。

得られた気づきは、いうなれば**「焼け石に水と思われることであっても、あきらめずに水をかけ続ければいずれ必ず鎮火する」**ということです。

実は、この発想のベースはトレーニングに関するとある閃きにあるのです。

私のボディビル歴は5年ですが、トレーニングキャリアは20年を超えています。つまり、カラダを鍛えることに関してはかなりやり込んできているのです。それゆえ鏡の前に立ち、自分のカラダを見るにつけ「自分の限界はここなのか」「これ以上の成長は望めないのか」と思うこともしばしば。

しかし、ふとしたとき「いや、待てよ」と、心のなかから聞こえてきた瞬間がありました。これまでの経験から「自分には効かない」と考えていた種目を、たとえばひたすらやり続けたら、どうなるのか？　という閃きを得たのです。

挑戦した結果、カラダはたしかに変わりました。ということは、これまでは自分が勝手に先回りをして、結果が出る前にあきらめていただけだったのです。

無駄だと思われることでも、人が考えられないような量を繰り返すことで開ける道があるということ。やはり人のカラダはおもしろいと改めて思いました。

さて、いよいよ最後です。もう一度、食事に関するメッセージを送って、この本を締めくくりたいと思います。

減量食に関しては、5年目の今がベストと感じているのはたしかです。しかし、本当に完璧なのか、漏れはないのか、といわれれば「おそらく」の域を超えません。これから先、２０２０年東京オリンピックに向けてさまざまな取り組みが加速していくなかで、どこまで自分のボディビルに時間をあてることができるのか、実際のところわかりません。

ただ、**競技に出ないからといってボディメイクを一切しないという選択肢は、私にはないことだけは間違いありません。**どのような目的を掲げて、どのような手段を構築しているのかは未知数ですが、何らかのかたちで**カラダ作りを続けている限り、新たな気づきが得られる**のだろう、と思っています。

そしてみなさんにも、きっと「そのとき」が来るはずです。そのときが来たらまずは、変化を恐れないことです。変えることは、怖い。けれど**一番怖いのは変化を恐れるがゆえにカラダが一向に変わっていかないこと**だということを、思い出してください。最後までお読みいただき、本当にありがとうございました。

岡田　隆

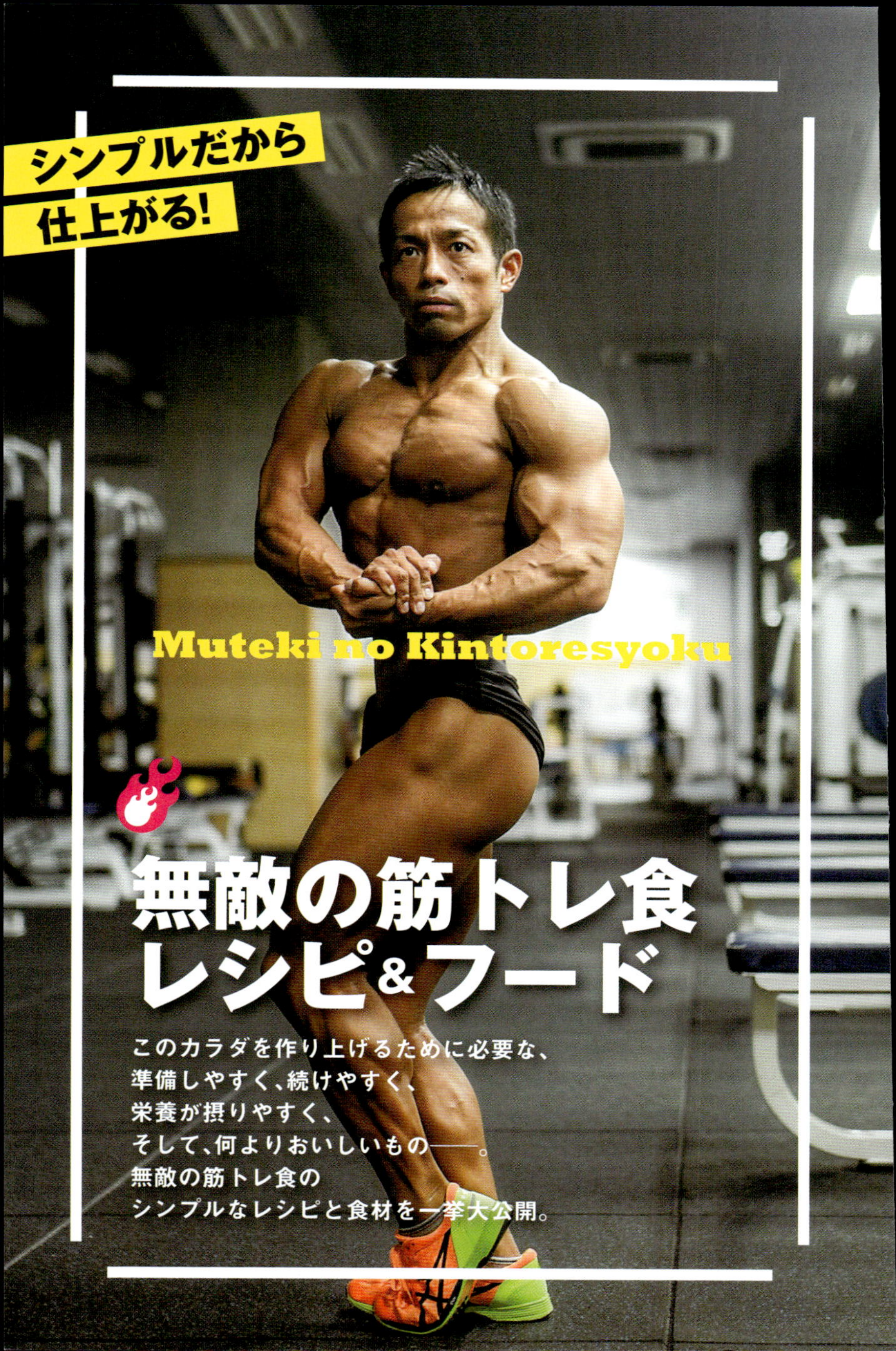

シンプルだから仕上がる!

Muteki no Kintoresyoku

無敵の筋トレ食 レシピ&フード

このカラダを作り上げるために必要な、
準備しやすく、続けやすく、
栄養が摂りやすく、
そして、何よりおいしいもの——。
無敵の筋トレ食の
シンプルなレシピと食材を一挙大公開。

バズーカ岡田の基本メニュー2018
【鶏むね肉＋野菜＋スーパー大麦】＋α

鶏むね肉セットA

【鶏むね肉＋もやし＋ブロッコリー＋パプリカ＋きのこ＋スーパー大麦】
ベーグル、バナナ

［作り方］

1. 鶏むね肉は余分な水分をペーパーで拭き炊飯器に入れる。かぶるくらいの湯を入れ１～２時間保温する。
2. フライパンに食べやすい大きさに切った野菜を入れ、鶏がらスープの素、水大さじ1/2をふりかける。蓋をして弱めの中火にかけ、野菜がしんなりしてきたら醤油をかけて全体を混ぜ、火を止める。余熱で好みの固さに仕上げる。
3. ①を取り出し、スライスして保存容器に入れ、塩ひとつまみ（分量外）をかける。上に②の野菜を汁ごとかける。最後に茹でたスーパー大麦をまぶす。

［材料（1人分）］

鶏むね肉（皮なし）……1枚（300g）
もやし……35g（1/6袋）
ブロッコリー……60g（1/6房）
パプリカ……1/6個
鶏がらスープの素（もしくは顆粒コンソメ）……小さじ1/3
醤油……小さじ１
スーパー大麦（茹でる）……3～4g

セットA
きのこ（しめじ、エリンギ、えのきなど）……合わせて30g

セットB
ピーマン……小1個（20ｇ）
※もしくは玉ねぎ……35g（1/6個）

鶏むね肉は いつもそばにいてくれた

ここでは本文137ページなどで紹介した、鶏むね肉セット（弁当）の基本的な作り方を記した。

私は現在はありがたいことに妻に作ってもらうことが多いが、
料理慣れしていない方でも、一度覚えてしまえば簡単にできると思う。

加える野菜は、正直、自由!

本文でも述べたように、お気に入りの野菜を見つけることがポイント。

野菜のおいしさに目覚めれば、飽きることなく無理なく食べ続けることができる筋トレ食。

鶏むね肉セットB

【鶏むね肉＋もやし＋ブロッコリー＋パプリカ＋ピーマン＋スーパー大麦】

ライスケーキ、バナナ

鶏むね肉
300gあたり
タンパク質
73.2g

comment

減量末期は、タッパーを常に3～4個持ち歩くことになりましたが、この鶏むね肉セットがいつもそばにいる安心感は何事にも代えがたかったです。

スーパー大麦という食物繊維を摂れているので、一緒に食べる炭水化物は食べやすいもの、用意しやすいものを選べばいい。除脂肪を究めるなら取り入れやすいメニューだと思います。

ちなみにスーパー大麦は1日12グラム摂るのを目安としているので、基本セットを何回食べるかで1食分の量は変えていました。

スーパー大麦を混ぜろ!【ツナボール&サバむすび】

無敵の筋トレ食 02

最強の食物繊維【スーパー大麦編】

118ページで紹介したスーパー大麦をごはんに混ぜ、ツナ缶、サバ缶をぶち込むだけ。これだけで、筋トレ効果を上げる「スーパーボール」が完成する。ここでは、枝豆や大葉を混ぜているが、細かく刻んだ野菜を加え込む「スーパーボール」も栄養成分が染み出て、旨いに違いない!

材料〈作りやすい量〉

サバむすび

米……2合
スーパー大麦……50g
サバ水煮缶…1缶(200g)
めんつゆ(2倍濃縮)……大さじ2と1/2
水……適量
※水の量は缶の汁気によって変わる。サバ缶の汁気+めんつゆ+水で2合のラインまで入れ、更に水100cc(1/2カップ)を加える。

A
塩……小さじ1/4
しょうが(チューブ)……小さじ2

大葉……5枚

ツナボール

米……2合
スーパー大麦……50g
ツナ缶(ノンオイル)……1缶(70g)
水……適量
※水の量は缶の汁気によって変わる。ツナ缶の汁気+水で2合のラインまで入れ、更に水100cc(1/2カップ)加える。

A
塩……小さじ1/4
鶏がらスープの素……小さじ2

冷凍枝豆……100g

1

2

❶米は研いでザルにあげる。

❷炊飯器に米、スーパー大麦、缶汁、サバむすびはめんつゆも入れ、水を分量通りに加える。A を入れてさっと混ぜ、サバ缶 or ツナ缶の具をのせて炊飯する。

❸炊き上がったらちぎった大葉、さやから出した枝豆をそれぞれ入れて混ぜる。

ツナボール

comment

これはもはや、どちらも現代版の「仙豆」ですね。カバンなどに忍ばせておけば、トレ前、トレ後などいつでも手軽に栄養補給ができて完璧です。

ツナ缶（ノンオイル）
1缶（70g）あたり
タンパク質
12.5g

0.5合分のごはんで
スーパー大麦が
約**12g**摂れる！

サバむすび

comment

サラチキ世代に一度は試してほしいボディメイク飯。サバむすび＋サラダチキンの昼飯にすれば、一気にタンパク質も食物繊維も摂取でき超効率的。

サバ水煮缶
1缶（200g）あたり
タンパク質
32.6g

最強の食物繊維食【玄米編】

ライスケーキにのせろ!

もはや、レシピといってはいけないかもしれないが、シンプルにただ、のせる、だけ。でも最強の全粒穀物。ライスケーキは常備できて便利なので、よく食す。そのまま主食代わりとして食べることもあるし、ここで紹介しているように、おやつ、デザート感覚であんこやバナナをのせることも。私は Lundberg というメーカーのライスケーキ(無塩)をまとめ買いしているが、味はほかにもキャラメル味、ほんのり塩味などあって、楽しめるのが素晴らしい。

1枚あたり	19g
エネルギー	60Kcal
タンパク質	1g
脂質	0.5g
炭水化物	14g
食物繊維	1g

5枚(95g)あたり
食物繊維 5g
※白米100gあたり 0.5g

ライスケーキ＆あんこ

あんこ20グラム（脂質は0.18グラム）をのせるだけ。

ライスケーキ＆バナナ

スライスしたバナナ（1／3本程度）をのせるだけ。

ライスケーキ＆ツナ

ツナ缶（ノンオイル、1／2缶）は汁気を切って、ライスケーキにのせ、塩、こしょう少々をかけるだけ。

ライスケーキ＆アボカド

スライスしたアボカド（1／3個程度）をのせ、塩、こしょう少々をかけるだけ。

私の究極の本心としては、栄養を的確に受け入れるトレーニングを行い、良質な食材を買ってきて、手間暇かけずに旨く食べたい。それに尽きる。ここではそんな原点回帰の意味も込めて、鶏むね肉、牛肉、ブロッコリー、ゆで卵4種のシンプルで旨い調理法を記したい。

鶏むね肉を焼け！

[作り方]

1. 皮をはぐ。脂身があればそれも取る。塩、こしょう少々をふる。
2. フライパンに薄く油を引いて弱火にかける。
3. 10分ほど焼いたら裏返し、更に10分ほど焼く。

→鶏むね肉1枚は厚みがあるので、焼くときの火加減は弱火でじっくりがしっとり仕上げるポイント。

牛肉も焼け！

[作り方]

1. 余分な脂身は切り取る。塩、こしょう少々をふる。
2. フライパンを強中火に熱し焼く。
3. 焼き色がついたら裏返し、もう片面も焼き色がつくまで焼く。

→牛肉は強めの火でさっと表面を焼くのがおいしく焼き上げるポイント。中は少し赤みがある程度でOK。

とにかくまず「旨い」調理法を知るんだ!

ブロッコリーを茹でろ!

[作り方]

1. 小房にわける。房が大きいものはさらに半分に切る。
2. 沸騰したお湯に塩小さじ1程度を入れる。
3. 1分半～2分茹でたらザルに上げる。

→塩を入れることで塩味がつく+色味が鮮やかになる。茹で上がったものは水にとると水っぽくなってしまうので、そのまま冷ますのがベスト。

ゆで卵を究めろ!

[作り方]

1. 鍋に卵とかぶるくらいの水を入れ15分ほどおく。
2. 塩小さじ1を加えて強火にかけ菜箸で転がしながら茹でる。
3. 沸騰したら弱めの中火にし、好みの固さに茹でる。

※沸騰から3～4分…とろとろ
沸騰から5～6分…半熟
沸騰から12分…固ゆで

→沸騰する前に菜箸で転がすことで黄身の偏りがなくなり、真ん中にくるようになる。

トレーニーよ、甘味を恐れるな!

トレ前に団子を食らえ!

143ページで「プレワークアウト団子」について記したように、下の各種の団子はおすすめ。その中でも特に「みたらし」は、ビルダーの中でも愛用している人が多い甘味だ。ほかの団子(和菓子)に比べ塩分が多いので、トレ中の筋肉のパンプ感、張りを強くする効果がある。またトレ前だけでなく、トレ後すぐに行う回復のための栄養補給にも最適。筋肉に速やかに栄養を供給するため、パクッと食べてトレーニングを締めるのもよい。

団子のメリットを、今一度整理!

- 甘いものなら、和菓子一択。特に団子がおすすめ!
- 脂質がほぼなく胃もたれしない。トレ前も食べやすい。
- ハードトレ、長いトレ中などにも、パクッと栄養補給ができて最適。トレ後の筋肉の回復にも効果的!
- シンプルな原料で作られている団子なら、あんこは小豆、ずんだは枝豆、みたらしは塩分、というように食材を狙って摂ることができる。

脂肪ゼロのギリシャヨーグルト×フルーツ

本文141ページで紹介した脂肪ゼロのギリシャヨーグルトは
「無糖」を選ぶのがポイント。
フルーツの甘味で十分すぎて、加糖する意味がないのだ。
通常のヨーグルトよりタンパク質を2倍以上含んでいるこのヨーグルトに、
あとはフルーツを混ぜるだけ。これで最強デザートに変身する。

脂肪ゼロのギリシャヨーグルトをお好みで用意

さあ、
あとは混ぜるだけ!

グレープフルーツ

グレープフルーツ（1/6個＝約40g）を一口大にカットし、ヨーグルトに混ぜるだけ。

キウイフルーツ

キウイフルーツ（1/2個）を一口大にカットし、ヨーグルトに混ぜるだけ。

パイナップル

カットパイナップル（缶詰でも可、40g）を、ヨーグルトに混ぜるだけ。

※写真のヨーグルトは110g程度

コンビニを大いに頼れ!

除脂肪コンビニ食

本文121ページで説明した「除脂肪食の訓練所」であるコンビニの各商品を一気に紹介していく。

まだ試したことない人は、ぜひとも食習慣に取り入れてほしい。

1分の手間はあるが、特にサバサンドは旨くておすすめ!

セブン-イレブン

味付き半熟 ゆでたまご(1個入)

[1個あたり]
エネルギー 64kcal/
タンパク質5.8g/脂質4.2g/
炭水化物0.6g

国産さば水煮(サバ缶)

[1缶/190gあたり]
エネルギー 431kcal/
タンパク質26.2g/脂質36.1g/
炭水化物0.2g

おでん

(はんぺん、こんぶ、つみれ、たまご、こんにゃく、ちくわ)
[6品合計]
エネルギー 250kcal/
タンパク質21.9g/脂質11.2g/
炭水化物16g

1/2日分の野菜! だし香る鶏団子鍋

[1包装あたり]
エネルギー 140kcal/
タンパク質15.7g/脂質3.2g/
炭水化物12.1g

鶏団子鍋はめちゃくちゃ使えるメニュー!

ファミリーマート

スーパー大麦
バーリーマックス®入り
梅ゆかり

[1包装あたり]
エネルギー 183kcal／
タンパク質3.4g／脂質1.3g／
炭水化物39.2g

スーパー大麦
バーリーマックス®入り
枝豆こんぶ

[1包装あたり]
エネルギー 183kcal／
タンパク質4.3g／脂質1.2g／
炭水化物38.6g

**グリルチキン
ブラックペッパー**

[1パック／75g あたり]
エネルギー 118kcal／
タンパク質17.3g／脂質4.1g／
炭水化物3.0g

チキンはファミマが一番好み！

**鮭ときのこの
ごはん**
スーパー大麦
バーリーマックス®入り

[1包装あたり]
エネルギー 333kcal／
タンパク質8.9g／脂質5.3g／
炭水化物62.7g

魚のお惣菜が豊富で狙い目！

ローソン

おぼろ豆腐

[1袋／豆腐220g、たれ9.3g あたり]
エネルギー 161kcal／
タンパク質14.4g／脂質7.0g／
炭水化物10.0g

いわしの生姜煮

[1袋／120g あたり]
エネルギー 157kcal／
タンパク質19.4g／脂質4.1g／
炭水化物10.7g

太ちくわ

[1袋／2本100g あたり]
エネルギー 111kcal／
タンパク質14.2kcal／脂質0.6g／
炭水化物12.2g

パストラミビーフ

[1パック／47g あたり]
エネルギー 51kcal／
タンパク質9.0g／脂質1.3g／
炭水化物0.7g

※商品は2018年12月現在、編集部調べの情報を掲載しています。
各販売店へのお問い合わせはご遠慮ください。

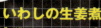

ただただ、
はさむだけ！

ローソンで1分筋トレ食

ブランパンとパックのサバでつくる勝手にサバサンド

ブランパン2個入り～牛乳使用～

［1個あたり］
エネルギー 70kcal ／
タンパク質6.2g ／
脂質2.8g ／糖質2.2g ／
食物繊維5.5g

さばの塩焼

［1パック／ 1切れあたり］
エネルギー 283kcal ／
タンパク質17.0g ／
脂質23.9g ／炭水化物0g
（※数値は北海道・東北・関東・中部地域で販売されているもの）

レタスミックスサラダを一緒に買ってはさんでもOK！

岡田 隆（おかだ たかし）

日本体育大学 体育学部 准教授／日本オリンピック委員会 強化スタッフ（柔道）／柔道全日本男子チーム 体力強化部門長／日本ボディビル＆フィットネス連盟 選手強化委員／理学療法士／スポーツトレーナー／ボディビルダー／骨格筋評論家（バズーカ岡田）

1980年、愛知県出身。

日本体育大学大学院体育科学研究科修了。東京大学大学院総合文化研究科博士後期課程単位取得満期退学。

総合病院、整形外科クリニックに勤務後、2007年4月より医療従事者、トレーニング指導者、アスレティックトレーナーの養成大学に着任。2016年4月より日本体育大学体育学部准教授に着任し、現在に至る。

日本オリンピック委員会強化スタッフ（柔道）、日本オリンピック委員会科学サポート部門員、柔道全日本男子チーム体力強化部門長を務めており、2016年8月リオデジャネイロオリンピックでは、史上初となる柔道男子全階級メダル制覇に貢献。

また、日本体育大学バーベルクラブの顧問を務めている。自身もウエイトトレーニングの実践者として 2014年にボディビル競技に初挑戦。デビュー戦の東京オープンボディビル選手権大会70kg 級で優勝。2016年には日本社会人ボディビル選手権大会を制し、日本選手権大会に2016年、2017年と連続出場している。

骨格筋評論家として「バズーカ岡田」の異名で『ホンマでっか!?TV』（フジテレビ系）をはじめとしたテレビ、雑誌など多くのメディアで活躍中。

『除脂肪メソッド ハンディ版』（ベースボール・マガジン社）、『2週間で腹を割る！ 4分鬼筋トレ』（アチーブメント出版）、『つけたいところに最速で筋肉をつける技術』（サンマーク出版）など、著書多数。累計100万部を突破している。


栄養で筋肉を仕上げる！

無敵の筋トレ食

2018年12月 6 日　第1刷発行
2019年 1 月23日　第3刷

著者………………岡田隆

発行者…………長谷川 均
編集………………村上峻亮
発行所…………株式会社ポプラ社
〒102-8519　東京都千代田区麹町4-2-6
電話　03-5877-8109（営業）　03-5877-8112（編集）
一般書事業局ホームページ　www.webasta.jp

印刷・製本…共同印刷株式会社

N.D.C. 498/271P/19cm　ISBN978-4-591-16098-5

P8008223